心筆

崔喆雄

WOWPLAY

心筆

초판 1쇄 발행 2023년 3월 15일

지은이 최 철 웅

발행인 최 지 언
발행사 **WOWPLAY**
편 집 최 지 언
디자인 강 민 지
사 진 프레피스튜디오
인 쇄 북 토 리

등 록 2005. 1. 26. (제 303-2005-00004호)
주 소 진북 익산시 익산대로33길 46-10, 102동 101호(신용동)
전 화 063. 853. 0368

홈페이지 www.wowplay.org
E-mail wowplay@wowplay.org
ISBN 978-89-91911-14-7(03800)
책값은 뒷표지에 있습니다.

책의 명제命題를 심필心筆로 명명했다.

수필隨筆로 명명하는 것은 폭이 좁고 가공적이어서

어딘지 모르게 어색하다.

심필 - 마음 내키는 대로 붓이 따랐다는 표현이

가장 어울리고 적합한 것 같다.

심필, 마음 내키는 대로 집히는 곳까지

가볼 작정이다.

雪峰 **崔 喆 雄**

분신分身

사람살이

사회적 동물, 그래서 인간

社會的 動物, 그래서 人間

자연 그리고 세계

自然 그리고 世界

사회 그리고 정치

社會 그리고 政治

생각

일러두기

1. 단어의 음과 뜻을 명확히 하고 이해를 돕기 위한 경우, 한자와 영어로 변환하여 표기하거나 한자와 영어를 추가하여 표기하였다.
2. 인용문과 참고도서는 각주에 그 출처를 표기하였다.
3. 제목, 문장, 단어의 뜻을 설명하거나 이해를 돕기 위해서 각주를 달아 표기하였다.
4. 각주에 달린 뜻풀이는 국립국어원 표준국어대사전과 네이버 국어사전을 바탕으로 하였다.
5. 국립국어원 표준국어대사전과 네이버 국어사전에 등록되지 않은 단어의 각주는 네이버 지식백과를 바탕으로 하였다.
6. 네이버 지식백과에 등록되지 않은 단어 및 인용문의 각주는 별도로 그 출처를 표기하였다.
7. 대화는 " "로, 혼잣말은 ' '로, 인용이나 강조는 「 」로, 제목은 『 』로 표기하였다.
8. 글 속에 등장하는 이름은 직계가족과 일부 지인을 제외하고 가명을 사용하였다.
9. 앞표지·자켓·속표지·본문의 일부 한자는 「조선궁서체」, 본문은 「제주 완판본 순L」, 출판사명은 「G마켓 산스B」, 판권면은 「나눔스퀘어 네오B」, 일러두기는 「나눔스퀘어 네오R」 그리고 각주는 「나눔스퀘어 네오L」 폰트를 사용하였다.

분신分身[1)]

1) ① 한 주체에서 갈라져 나온 것
② 부처가 중생을 제도하기 위해 여러 가지 모습으로 나타나는 몸.

자식 子息

내가 사는 세상, 내 나이대의 사람이면 으레 자식이 있기 마련이다. 왜냐하면 자식이 삶의 이유이고 목적이니까.

그러나 키우는 방법은 제각각이다. 사람이 제각각이듯 자식도 제각각이고 개성이 제각각이니, 부모의 양육방식이 제각각인 것은 문제 될 게 없다. 그런데 자식이 제각각인 것은 참으로 심각한 근심거리다. 부모가 제각각인 것은 사랑을 바탕으로 한 공통점이 있어 문제 될 것이 없으나 자식마다 제각각인 것은 절실하기 짝이 없는 문제다. 자식의 제각각은 공통점이 없기 때문이다.

부모는 대개 사회생활의 장점을 헤아려 행동하나 자식은 사회보다 자신의 장단長短에 따라 행동하기 때문에 관여하기 힘들고, 관여하면 오히려 반사적으로 나가기 일쑤다.

그러건 저러건 상관없다. 자식은 그냥 좋다. 부모의 머릿속에는 자나 깨나 자식에게 좋고 유익한 것이 없나 살피는 것이 떠나지 않는다.

어느 부모나 다 그러하겠지만 '내 자식은 틀림없이 대통령이 될 성싶다'는 웅장한 기대를 품고 산다. 자식이 자라면서 어떤 변모가 보일 때까지 이 희망을 버리지 못한다. 이다지도 황홀한 기대를 누구라도 버리려 하겠는가!

희망이, 기대가 사라지는 순간 세상이 무너지는 실망에 묻힐 터인데.

자식이 부모의 이 절절한 심정을 이해할까만, 꿈에 떡 얻어 먹기로 어느 자식은 그 뜻을 이루어 태양처럼 황홀한 선망의 대상이 되면, 부모의 은혜를 갚는 것이다.

그야말로 보기 힘든 현상이다.

부모는 무조건 자식으로 시작해 자식으로 끝이 난다. 때로 자식을 버리거나, 아니면 버리고 떠나거나, 더 나아가 죽이기도 하는데, 그런 부모는 부모가 아니라 여겨야 한다. 실로 드물디드문 일이고, 설령 있다 하더라도 죽고 싶을 만큼 가슴을 찢는 통절慟絕[2]에 몸부림칠 테니까!

나아가 어머니는 자식을 너와 나 둘로 느끼지 않고 그저 나 하나로 느끼며 산다. 정情에 앞서 내 몸에서 나온, 나와의 연속으로 각인돼있기 때문이다. 이 세상 모든 자식은 아버지에게는 몰라도 어머니에게는 더없이 효도해야 한다.

하늘까지 거리가 짧을세라 그 사랑의 길이가 한없이 높고 높기 때문이다.

2) 너무 슬퍼서 기절함.

복福

식사 때가 되면 늘 그렇듯이 여간 송구해진다. 매끼 정갈하고 정성이 넘치는 상차림이다. 둘째 딸의 솜씨다. 나도 모르게, 눈물 같은 것이 눈가에 맺힌다. 어느새 50이 훌쩍 넘은 딸이 홀몸이라서 더욱더 그런가 보다.

매끼 마다 딸의 정성을 받는 것이 굳어진 일상인가 싶으면 참으로 짜증스럽다.

공부 욕심이 많아 장학금으로 대학원까지 마치고 대학 강의에 연구소와 출판사까지 운영하며 쉼 없이 살아온 딸의 장래와 아이가 하는 일을 위해서라도 이 일상은 벗어나야 하는데, 아흔을 바라보는 나이가 되니 달리 뾰쪽한 방법이 없다. 때로 은근히 쾌재를 부르는 건 아닌가도 싶다.

어려서부터 딸의 깔끔한 매무새 그리고 행동거지, 어쩌다 서랍을 열라치면 두어 손 마디 만 한 연필을 수없이 깎아 가지런히 놓은 기억이, 나를 몹시 어렵게 한다. 너무나도 또렷한 기억이라서! 누구와 언성을 높이는 것도 할 줄 모르고 하지 않을뿐더러, 다툼이나 싸움도 천성에 없어 매사에 손해를 보고 인연을 끊을지언정 질척거리는 것 자체와 담을 쌓은 성격에 저리 욕심 없이 사나 싶어, 혼자 남을 아이의 앞날에 마음이 무겁기 그지없다[3].

세월이 흘러 저만큼 가노라면, 답이 나오려는지!

그리하여 가슴 속 괴로운 벽을 반이라도 덜어내고 살면 그 얼마나 좋을까!

하나 이제 딸아이와 함께하는 생활이 자리잡혀 일상이 편안하고 매사 안심이 되니, 이를 벗어나는 변화는 황당하고 허망한 소원인가 싶으니 그저 당황스럽다.

아무래도 천복은 전생에 하늘이 아는 인고忍苦[4]를 다 했거나 아니면 그 인고를 다 할 자에게 준다는데, 이렇게 큰 복을 내가 받다니!

그저, 송구할 뿐이다.

---

3) ① 끝이나 한량이 없다.
② 이루 다 말할 수 없다.
4) 괴로움을 참음.

막내딸

정에도 대소 부피가 있는지, 아니면 막내라는 위치에 정이 모이는 것인지, 그냥 평범하게 지내는 것 같은데도 막내가 자주 떠오른다. 어미 없이 길렀으니 그러기도 하겠지만, 본래 차별과는 멀어도 너무 멀리하는 내 천성으로 비추어 볼 때 참으로 의아하다.

딸은 소용없다는 대대로 내려오는 가풍에도 어울리지 않는다. 어쩌면 싱거울 정도로 장난기 어린 응석에 정이 갔는지도 모르지만, 아무리 생각해도 그런 거에 정이 갈 내가 아니라는 걸 잘 알기 때문이다.

어쨌든 막내가 떠오를 때는 천성에 없는 차별이 생긴 건가 해서 적이 당황스럽다. 잘못된 건 아니니 별거 아니나, 그래도 있다면 고칠 일이다. 열 손가락 깨물어 안 아픈 손가락이 어디 있느냐는 속담처럼 똑같은 자식이니까.

자식에게 정이 가는 것, 당연지사이며 그보다 더 흐뭇하고 좋은 게 있겠느냐!

소중한 자식이기에 대하기도 그만큼 절실하고 무겁다.

총명聰明

양서빈, 막내딸의 딸이다. 나의 마지막 손주다.

그렇게도 예쁠 수가 없다. 남달리 총명해서다. 공부만 잘해서가 아니다. 하나에서 백까지 흠잡을 데가 없어서다.

가족끼리 외식을 하고 온 어느 날, 거실에 들어와 서빈이가 아니 보여 뒤돌아보았더니, 세 살배기가 십여 명이 넘는 가족들이 벗어 놓은 신발을 가로세로 자로 잰 듯 가지런히 놓고 있었다.

순간 내 머리에 번쩍 떠오르기를, 서빈이의 어미인 막내딸은 어려서부터 정리를 모르고 살았다는 것이다. 하니 서빈이의 행동은 자연발상自然發想[5]인 것이다. 진정 그날 손녀의 이 행동은 엄청난 경사의 예고였다.

이제 13살, 초등학교 6학년생이 된 서빈이.

매일 오후면, 막내딸의 자랑이 전화선을 타고 넘어온다.

"아빠, 오늘도 서빈이 모두 100점 맞았어. 선생님이 '서빈이는 어쩜 이렇게 반듯한지, 반 아이들이 모두 서빈이 같았으면 좋겠어요'라고 전화 왔어."

선생님 전화가 실감 난다.

5) 사람의 힘이 더해지지 아니하고 세상에 스스로 존재하거나 우주에 저절로 이루어지는 모든 존재나 상태로 어떤 생각을 해냄. 또는 그 생각.

梁 서방[6)]

할 일 없이 사람 찾아다니고 돌아다니는 것 몹시 언짢아하는 장인丈人의 성질을 잘 아는 눈치 빠른 양 서방이라서 그런지, 본 지가 꽤 오래다.

궁금하여 양 서방은 어찌 지내느냐고 집에 있는 둘째 딸에게 물었더니, '코로나19에 감염되어 고생한다'고 한다. 자매간에 연락은 하고 지내나 보다.

이어, "코로나에 걸렸어도 부장이라 할 일이 많은 탓에 출근을 해야 한대요."라고 전한다.

문득 막내의 결혼식 날 아침, 가족들이 다 보이는데 정작 당사자인 양 서방이 보이지 않아 둘째에게 물었더니, 식전에 시험을 치르고 온다고 한 기억이 떠오른다. 국가 자격증 시험이라 일정을 변경할 수 없었다고 한다. 결혼식 당일에 시험을 보고 오는 신랑이고 사위라니 몹시 당황스러웠다.

성실이 도를 지나친 것 같아서!

그러나 결혼식 날도 그랬듯이 지금껏 변함없는 그 성실이 몹시 흐뭇하다.

---

6) 막내 사위

부부는 닮고 닮아서 평생을 같이하나 보다!

시집가기 전 막내는 행동거지가 가벼워, 덤벙대고 제멋대로 살았다. 그런데 시집가고 나서 맵고 짜기가 시집가기 전 모습이 아니다.

예쁨도 미움도 저에게서 나온다고, 만에 하나 버릴 것 없는 양 서방은 그저 예쁘고 좋기만 하다. 막내는 딸이라 그저 좋은 게지 가볍기 종이쪽 같고 덤벙대어 관심 밖인데, 양 서방은 모든 면이 정반대고 내 취향에 딱 맞아 아들로 착각할 만큼 정이 든다.

내 죽을 때까지 단 하나, 단 한 번 걱정할 것이 없는 사위, 내 타고난 홍복洪福[7]이 아닐 수 없다.

진정 내가 복을 타고난 게 틀림없다.

7) 큰 행복. 썩 큰 복력.

큰아들

대대로 내려오는 가풍을 고치지 못하고 큰아들 녀석에 인생을 바치다시피 정성을 다하였다. 그런데 그게 오히려 화근이 되어, 녀석은 자유분방해지고 고치기 어려울 정도가 되었다. 후회했을 때는 이미 굳을 대로 굳어져 늦었다.

반드시 판검사를 만들겠다는 꿈이 아들의 장래와 함께 사라졌다. 허전하고 허망해 잠시라도 틈만 나면 멍하니 넋을 놓고 천정을 바라보는 버릇이 생겼다.

이 아들에게만 눈을 팔고 사는 동안, 소외감을 감당치 못했는지 세세히 살피지 못한 막내아들이 세상을 뜨고 장래가 가장 촉망되던 딸의 박사 과정은 취소되었다.

빗나간 과욕과 치우친 편애가 소가 디뎌도 깨지지 않을 가세를 풍비박산風飛雹散 내고 말았다. 이미 끝이 난 걸 뒤늦게 깨닫고 땅을 치며 후회한들 무슨 소용이 있으랴!

내 큰 기대와는 멀어졌으나, 타고난 머리에 배운 지식으로 저 먹고사는데 어려움 없이 사는 것으로 그저 위안이 아닌 위안으로 삼아보아도 잠시뿐, 텅 빈 가슴은 무엇으로도 채워지지 않는다.

장녀長女

어려서부터 붙이고 뗄 줄을 모르고 본 대로 느낀 대로 행동하는 품品이 영락없이 맏이의 모습이어서, '저게 계집인데도 장손 노릇하고 살 모양이다.'라고 여겼는데, 타고난 바탕은 못 속인다고 집안 사정 돌아가는 모양새가 딱 맞아떨어지는 성싶다.

결혼하여 둘째 며느리임에도 시댁에서 맏며느리 입장으로 시부모, 시형제, 시조카들까지 일일이 살피고 돌보아야 할 것들로 끊임이 없다. 몸도 마음도 그 무게를 어찌 감당하는지 알기 어렵다. 허리 펼 여유가 없는 딸을 지켜보는 마음이 오랜 기간 무거웠다. 예로부터 장남 장녀는 아래 형제가 잘살게 된 후에야 잘산다는데, 지금으로 보아하니 그럴 것 같기도 하고 아닌 것 같기도 하지만 말이다. 애매하다. 어차피 이렇게 된 것, 이제부터라도 잘 살기를 빌고 또 빈다.

큰딸을 생각하다 보면, 어미를 닮은 듯 닮지 않은 민지[8)]가 눈에 밟힌다. 본시本是 하늘은 못 믿어도 민지는 믿을 만치 신뢰가 두터운 애라 터럭만 한 걱정도 되지 않는다.

현재는 설령 어수선하고 어려운 상황에 있을지라도, 오래지 않아 반드시 전화위복이 되어 크게 성공하리라는 확신이 드는 것은 이 아이의 성품이 남달리 깊고 넓기 때문이다.

---

8) 장녀의 첫째(딸).

누구도 부럽지 않은 행복을 누리라 기원하는 할아버지의 마음을 믿지 또한 매시每時 느낄 것이다.

그리고 우리 석환[9]이, 어려서 지나치게 암띠고[10] 암띠어 저래서 무엇해 먹고 사나 걱정이 쌓여갔다. 또래와 달리 키가 작고 왜소한데 말수도 없어 지어미 속을 꽤 애태우게 했다. 아들 기 안 죽이려 보약에, 학원에, 학교에 갖은 정성을 쏟으며 걱정을 숨기려 동동거렸을 큰애의 속마음을 그 누가 온전히 알겠는가!

그런데 이게 웬일인가? 커가며 360° 로 바뀌어 지금은 도리어 자신감이 넘쳐 함부로 살지 않을까 걱정될 정도다. 더 강해지고 싶다며 특전사에 자원입대하다니, 걱정을 뛰어넘어 멋지게 성장하여 참으로 만족스럽다.

이제 석환의 제대가 얼마 남지 않았다. 건강하고 무사히 돌아오는 것만으로 감사하기 그지없다. 넘치는 자신감에 강인한 체력으로 어떤 앞날을 개척할지 흐뭇한 마음으로 지켜보는 즐거움이 흥겹다.

---

9) 장녀의 둘째(아들).
10) ① 비밀스러운 것을 좋아하는 성질이 있다.
② 수줍은 성질이 있다.

수양아들과 며느리

오랜 세월 집에 자주 드나들던 녀석이 어느 순간부터 스스럼없이 "아버지!" "아버지!"하고 부르기에 수양아들로 삼았다. 부창부수夫唱婦隨라던가, 녀석의 처妻 역시 "아버님!" "아버님!"하고 살뜰히 부르며 세세히 챙긴다.

100세를 눈앞에 둔 제 부모들, 한없이 챙겨야 할 제 자식들, 형편과 사정이 각각 다른 제 형제들 챙기기도 버거운 세상이건만, 피 한 방울 섞이지 않은 남남인 나에게 두 내외의 한결같은 정성은 말로 표현 못 할 만치 정성스러워 친자식 며느리로 완전히 굳어졌다.

녀석들을 볼 적마다 내가 무슨 복을 타서 저 녀석들을 만났나 싶다. 2, 3일만 못 봐도 혹시 무슨 일이 있나 할 정도로 가슴속 깊이 자리 잡았다. 남남끼리도 이럴 수가 있구나 싶어 여간 흐뭇하다.

어디 자식子息이 따로 있고, 효자孝子가 따로 있겠나?
이게 바로 자식이고, 효도孝道지!

나의 아들 광태야! 내 며느리 담이야!
오랜 시간 스스로 전하지 못한 마음,
한없이 고맙고, 더없이 사랑한다!

지희의 천성天性

지희 나이가 70이 넘었으니 이 아이를 안 지도 50여 년이 다 되어간다. 말이 쉽게 50여 년이지, 거의 반백 년半百 年이 다 된다. 지나고 보니 참으로 긴 세월을 함께한 아이다. 그러니 자식처럼 느끼는 것도 당연한 듯하다.

지희가 오면 사람 사는 얘기 정도지 뭐 딱히 잘한 기억이 없다. 자식들은 어이 지내는지, 아비 회사에 어려움은 없는지, 네 일은 잘 돌아가느냐 등등 소소한 안부와 인생사 그런 것이니 잘 이겨내라는 당부와 격려를 건네는 게 전부다.

그런데 50여 년 동안 매달 매주, 단 한 번 빠짐없이 값나가는 찬을 곁들인 도시락과 간식거리를 무겁게 꾸려 들고 오니 고마움을 넘어서기도 한다.

처음 한동안은 '얘가 왜 이리 과한 짓을 하나?' 마음이 적이 무거웠는데, 세월이 흐르는 사이 언젠가부터 으레 그리 오는 아이로 습관처럼 굳어졌다. 오랜 세월 정성과 마음이 넘치는 것 같아 고맙고 미안해하는 내 딸에게, "고맙긴, 내가 남이에요?"라며 반문한다.

그런 지희가 가고 나면, 딸은 친자식보다 더 자식 같은 분이라며 고마움과 미안함을 다 정리하지 못하기 일쑤다.

바쁜 시간 내어 오는 만큼 더 오래 노닥여도 괜찮은데, 내 건강이 염려되는지 몇 마디 나누고 자리에서 일어난다. 그냥 언제나 기특한 애라 짧은 시간이 아쉽다.

굴지의 회사 임원인 아비가 대기업을 나와 자기 회사를 차려 한동안 두 내외가 분주히 지냈다.

그러다 올해 들어 이를 정리하고 안팎으로 어려움이 많아졌다. 그럼에도 불구하고 한결같이 때를 맞춰 맛난 도시락과 간식거리를 꾸려 늘 그렇듯 무겁게 들고 온다.

지희가 다녀갈 때마다 내 마음 또한 지희의 두 손에 들린 마음만큼 여간 무겁다.

'천성이 아니고서야 이럴 수가 없다!' 싶다.

하늘이 준 자식이 있고 세상이 준 자식이 있는데, 지희의 천성은 실로 하늘이 준 자식과 다름이 없다.

지희의 행복과 편안함이 곧 나의 행복이고 편안함이라, 하늘이 준 자식의 바람과 성취가 꼭 이루어지기를 바라고 또 바라는 하루다.

존경 하는 선생님~!!

생신 진심으로 축하 드립니다.
못난 저를 변함 없이 사랑해 주심에
감사 드립니다.
선생님 건강 하시길 빕니다.
선생님께 저 아주 편안 합니다 라고
인사드릴날을 고대 합니다. 감사 합니다.

송지희 드림.

존경 하는 선생님! 2014년 봄.

생신 진심으로 축하 드립니다!!
만물이 소생하는 봄이 더없이
좋읍니다.
저에게는 변함 없이 봄날처럼
대해 주심에 항상 감사 드립니다.
의지 하고 살아 온지 40 여년에
되었읍니다.
이제야 선생님 말씀을 조금이나마
알게 되는것 같읍니다.
열심히 살아 보답 하겠읍니다.
꼭 건강 하셔야 합니다.

송지희 올림

존경 하는 선생님께~!

선생님 생신 진심으로
축하 드립니다.
선생님의 사랑과 격려에
깊이 감사 드립니다.
늘 건강 하시길
간절히 기원 합니다.

2021. 4월 생신에

송지희 드림

존경하는 선생님께! 2019. 5月

진심으로 생신 축하드립니다.
만물이 소생하는 봄꽃들이 올봄은
유난히 아름답게 보입니다.
제 나이가 많이 들었다는 생각이 듭니다.
선생님 은혜에 감사드리며
선생님 말씀 마음에 새기며 열심히
살아가며 보답하겠습니다.
건강하시길 기도드립니다. 송지희 올림.

존경하는 선생님!

오랜세월 나의 등대가 되어주신
선생님~.
부족한 저를 아껴주시어
감사드립니다.
아직도 기대에 못미치어
이렇게 부족한 말씀만
드리고 있습니다.
선생님. 사랑에 보답할날을
고대하며 열심히 살겠습니다.
선생님. 건강하시어 꼭
봐주십시요.!
송지희 올림.

존경하는 선생님께

선생님 부족한 저를 변함없이
격려해 주시고 사랑해 주셔서
진심으로 감사드립니다.
세월이 흘러 이나이 되었으나
처음 선생님을 뵈올때 처럼
아직도 철없이 살고 있습니다
철든 모습을 보여 드리고 싶은데...
선생님 건강하시고 오래 사셔야 해요
영원한 저의 인생에 스승님이십니다
감사합니다 고맙습니다
20년 스승의날에 송지희 올립니다.

서지

3년 전, 새벽 2시가 넘어 가슴에 극심한 통증이 연달아 지속되고 숨쉬기도 어려워 대학병원 응급실에 급하게 방문했다. 코를 통해 산소를 공급받으며 새벽 내내 계속된 검사 끝에, 급성 심부전이라 바로 수술을 진행해야 한다는 진단이 내려졌다.

이른 아침 수술을 받고, 각종 검사와 치료로 난생처음 일주일 넘게 입원하였다.

이유를 불문하고 폐 끼치기 싫어하는 탓에 간호를 맡은 딸에게 누구에게도 연락하지 말라 당부했다.

그러나 서지가 나의 부재를 금방 알고, 큰일을 겪으면서 연락을 주지 않은 것에 큰 서운함을 토로하더니 병문안을 오겠다 못 박았다. 서지는 퇴원이 예정된 전날 오후가 되어 병실에 들어와 걱정 가득 울먹이며 걱정하고 슬퍼했다. 이제 호전되어 괜찮으니 걱정마라, 한참을 다독여 돌려보내야 했다.

다음 날 아침, 딸이 퇴원 수속을 마치고 병실에 들어서며 당황스레 말하길,

“아버지, 김서지씨가 어제 병실에 올라오기 전에 모든 병원비를 다 결제하고 갔어요. 원무과에서 이미 결제가 다 되었대요. 그래서 일부러 어제 늦게 다녀갔나 봐요!”

순간 나 또한 놀라고 당황하여 쉬이 말을 잇기 어려웠다.

큰 수술에 회복이 더뎌 3일 정도 예정하던 입원 기간은 길어지고 각종 검사와 처치가 지속되어 결코 가벼운 금액이 아니었기에, 고마움이 아닌 부담감이 자리 잡았다.

건강이 회복되어 편안한 나날을 보내다, 틈틈이 보내온 서지의 문자를 다시 읽어본다.

「저희 가족 모두 감사드려요. 선생님이 저희에게 주신 사랑 그 은혜를 언제 다 보답 드릴 수 있을까요?」

「제가 어렸을 때부터 선생님을 친아버지보다 더 많이 의지하고 우주보다 더 사랑하고 감사드려요. 정말 많이 감사드립니다.」

「잠깐이라도 선생님 목소리 들을 수 있으면 언제든 연락주세요. 저희 가족이 우리 선생님을 걱정하고 기도하고 사랑하고 있어요.」

「비가 너무 심하게 많이 옵니다. 별일 없으신지요?
선생님 건강은 어떠신지요? 걱정이 되어 연락 올립니다.」

「…」, 「…」, 「…」, 「…」, 「…」, 「…」, 「…」, 「…」, 「…」, 「…」, …

울컥!

켜켜이 쌓이고 쌓인 문자들이 하나같이 '울컥'이다.

어려서부터 어른스러워 자식으로 여기고 살면서도 마구 대하지 아니하고 철든 숙성한 아이로 대하고 살았다. 서지는 무겁고 어른스러워, 말없이도 정이 쌓이고 만나지 못하여도 같이 사는 자식처럼 늘 속마음이 포근하다.

거기에 더해 아들같이 여기는 수영[11]과 짝을 지어 사니, 두 아이를 볼 적마다 부족함이 없다.

그러나 세상사 다 좋을 수 없는 법인지, 오랜 시간 자식이 없어 애끓고 살았다. 긴 시간 힘들었던 고생 끝에 아들을 얻어, 그간 겪은 아픔을 세상 넓은 사랑으로 채워나간다.

어렵게 얻은 아들에 갖은 정성과 아낌없는 사랑으로 큰 기대를 품고 살아가나, 때로 손자 녀석이 지어미 하늘 높은 욕심만큼 학업이 뛰어나지 않다고 속상해할 때도 있다.

그러나 천성이 바르고 순진하니 걱정할 바가 아니다.

수영, 서지 그리고 진오[12] 세 식구가 나 죽는 날까지 그리고 그 이후로 영원히 다정하고 행복하기를 하늘에서도 기원하고 또 기원하리라!

---

11) 서지의 남편
12) 서지의 아들

세상이 준 아들 I

젊은 시절부터 아들처럼 여기는 선우가 일찍부터 장사에 눈을 떠, 한국과 중국을 오가며 무역으로 자리를 잡아나갔다. 중국과 한국의 교역이 폭발적으로 늘어나는 시기를 잘 잡은 덕분에 먹고 사는데 걱정이 없어져 한시름 놓고 지내던 차에, 얼마 지나서 녀석이 찾아왔다.

'중국에서 무역을 도와준 여자와 결혼하고 싶다' 하여 나이를 물었더니, 무려 15살 차이가 난다. 전처와의 사이에 장성한 딸아이도 있는데, 단호히 안 된다고 야단을 쳤다. 지금은 몰라도 세월이 지나면 100% 후회하고 골칫거리가 될 테니 아예 단념하라 신신당부申申當付하며 만류했다.

그러나 아비의 당부를 어기고 기어이 살림을 차렸다.

새 아이와 사이에 아들을 하나 두고 나름 잘살아가기에 참으로 다행이다 싶었는데, 세월이 흐르며 이런저런 다툼이 심해지고 이혼 이야기가 오고 간다. 처음부터 시작하지 않았다면 모르지만, 이미 자식까지 둔 처지에 녀석도 이제 말년을 준비해야 하는 시기라 이혼은 아니다 싶어, 전과 반대로 내가 만류하고 또 만류하는 상황으로 뒤바뀌었다.

때때로 아들 녀석은 눈을 뒤집고 설쳐 집을 나왔다 들어가기도 한다. 사람 사는 것 다 똑같다 다독이며, 선우의 마음이 이제나저제나 편안해지길 묵묵히 기다릴 뿐이다.

세상이 준 아들Ⅱ

40여 년 전, 대한극장[13] 기도kido[木戶][14]로 일하던 스무 살의 앳된 건오가 집에 들러 이야기를 나누던 중에,

"너는 극장 기도의 직업은 전혀 맞지 않을뿐더러 장래도 없는 일이니, 건설업에 끼어들어야 적절하다." 했더니, 그 길로 하던 일을 그만두고 분양 대행업에 몸을 담았다. 새로이 뛰어든 일에서 승승장구하더니, 분양 대행업계서는 다 알아주는 성공을 하여 회장 명함을 갖기에 이르렀다.

초지初志를 변치 않고 유지했다면 최고의 위치도 무난하게 이루었을 터인데, 그만 일찍 찾아온 출세에 취하여 흔들리는 순간 가까운 이들의 일탈에 시달려 모두가 무너졌다. 쪼들림을 벗어나려 발버둥 치다 빚을 감당하지 못하고 차가운 구치소에 들어가니, 지난 시절 그 화려했던 영화는 물거품이 되었다.

이미 활을 떠난 화살을 어찌 붙잡을 수 있겠는가!

'아버지 노후를 책임지겠다', '아들 노릇 하겠다'던 녀석이 그리되니 하루도 편한 잠을 이루지 못하고, 녀석은 그곳에서 얼마나 괴롭고 힘들까 생각이 끊이지 않으니 괴로움의 끝도 보이지 않는다.

건오의 앞날이 언제나 평안하려나 근심이 깊다.

---

13) 1956년 당시로서는 최대인 1,900여 개의 좌석을 갖추고 충무로에 개관한 극장
14) 극장이나 유흥업소 따위의 출입구. 또는 그곳을 지키는 사람.

삼총사

용구, 주성, 준구 세 녀석을 늘 삼총사라 부른다.

20여 년을 세 녀석이 차돌처럼 뭉쳐 다녀서 자연스레 삼총사가 입에 붙었다.

아들 녀석과 연배도 비슷하여 선생님에서 아버지로 명칭도 이리저리 옮겨가며 긴 세월 다녀가니, 나 또한 자식처럼 대하여 말도 편하고 마음도 편한 녀석들이다.

내 말이 녀석들이지 이미 50을 넘나들어 사회적으로 탄탄한 위치를 갖추고 사는 가장들이다.

삼총사 중에 준구는 가장 어리나 매사 분명하고 반듯하여 차곡차곡 자리를 잡고 나아가는 품새가 보탤 것이 따로 없는 녀석이라 걱정이 필요 없다.

아내와 아이들 모두 평온하고 바르게 살아가는 모습을 늘 보여주어 이들 가족이 다녀가면 더없이 흡족하다. 좌고우면左顧右眄하지 않고 나아갈 길을 벗어나지 않으니, 이런 자식이 효도하는 것 아닌가 싶다.

반면, 언제부턴가 삼총사가 예전과 다르게 함께 오지 않고 준구 내외와 아이들만이 꾸준히 다녀가며 용구과 주성의 발걸음이 뜸해지기 시작했다.

주성은 함께 하지 말아야 할 인연에 얽매여 스스로 어려움 속에서 빠져나오지 못하니, 나를 볼 면목도 없고 마음만 무거워 오지 못하는 것을 알기에 걱정만 할 뿐 해 줄 수 있는 것이 없어 마음이 무겁기만 하다.

어느 날, 한동안 인사가 없던 용구가 오랜만에 준구와 함께 인사를 왔다. 한동안 얼굴을 보지 못한 사이, 연로하신 어머님을 요양 병원에 모시고 두 형님이 방관만 하는 탓에 홀로 버거운 병원비를 감당하고 있고, 그사이 이혼하였다 하니 건넬 말을 찾기 어려웠다.

든든한 은행의 지점장 자리도 내놓고 이혼도 괘씸한데, 이제 새로운 인연을 만나 새로운 일을 한다니 걱정과 근심에 호되게 야단을 치고 말았다. 형식적인 아비 노릇은 내 천성에 맞지 않아 속상한 마음이 크게 앞서나갔는지, 며칠 후 용구는 긴 글을 보내 내 마음을 다시금 아프게 했다.

「박사님! 부모님 같은 걱정에 진심으로 감사드립니다.

올바른 자식이라면 부모의 마음을 알고 먼저 그 길을 따라가려고 해야겠지만, 매번 전, 그리 올바른 자식은 되지 못하는 듯합니다.

그만두지 말라는 회사도 그만두었으며, 이혼하지 말라고 하셨지만 이혼까지 하며....,

...,

...,

박사님 용서해주세요. 조만간 찾아뵙고 혼나겠습니다.

박사님, 죄송합니다.

빠른 시간 내에 찾아뵙겠습니다.」

마음이 여리고 착한 녀석을 감싸주기 전에 마냥 다그치기만 한 것 같아 미안함과 속상함이 며칠을 갔다.

용구의 글을 보며, 부모라면 응당 먼저 다독이고 감싸주어야 함을 깨닫는다. 지나간 일은 지나간 것이고 앞으로가 중요한 것이니 그리해야 할 것인데, 내 천성이 그리할 수 있을까 걱정이다.

삼총사는 언제쯤 차돌처럼 뭉칠 수 있을까?

삼총사는 언제나 삼총사여야 하는데 말이다!

Dandy댄디[15] I

잉꼬 한 쌍 살까 하고 청계천 조류상에 들렀다가, 드물게 보는 회색 새끼 앵무가 보여 냉큼 마음을 바꿔 들여왔다. 조금은 희귀한 새이기는 하나, 그저 그러려니 여겼던 새가 생각과 달리 둔중한 걸음걸이로 쏘는 시선이 관심을 주기에 충분했다. 이름하여 「Dandy」라 부르기로 정했다.

Dandy는 어깨, 팔등, 소파, 책상 위로 옮겨 다니며 나와 더불어 산다. 하루하루가 다르다 싶더니, 어느 날 Dandy가 첫 말을 한다.

"어서 오세요~!"
신기 또 신기하다. 박장대소 깨가 쏟아지는데,
"안녕하세요?"라고 말한다.

Dandy는 금방 들은 말을 따라 말하여, 2~3일마다 새로운 말이 꼬리를 물고 이어져 끊임없이 놀라게 한다.

"앉으세요."
"식사 - 하셨어요?"
"행복하세요~!"

15) 16년째 키우는 회색앵무의 이름. 멋쟁이 (남자), 멋을 많이 부리는 남자라는 뜻이다.

"복 **많~이** 받으세요!"

"**또** 오세요."

"사랑해~!"

"내 이름은 **댄디**에요"

"**댄디**는 스파~이더맨이에요"

산토끼 노래를 부르며 끄덕끄덕 도리도리 어깨춤을 춘다.

기분이 좋아 '껄껄' 웃을 때는 기가 딱 찬다.

새를 들여온 게 아니라 횡재를 한 기분이다.

어느덧 가족마다 각자의 방이 있음을 깨달았는지, 공용 욕실을 제 방으로 정하고 화장실 문턱이나 욕조 위에 앉아 누구든 화장실에 들어오면 엄히 경계한다.

한 번은 손님이 화장실을 두 번 들어갔다 나와서 소파에 앉자, 두 번이나 제 방에 들어갔다 하여 살금살금 다가가 피가 뚝뚝 나도록 손등을 물어뜯었다. 그나마 허물없는 손님이라 천만다행이었다.

겁이 많아 낯선 이에게 다가가지도 않는 녀석이 자기 영역에 있어서는 두려움이 없다.

또한 Dandy는 더러운 것이 가장 질색이다. 특히, 변을 눌 때는 사람이 보는 앞에서만 눈다. 빨리 치우라는 행동이다.

제집이라고 공용 욕실에서는 절대로 변을 누질 않고 백번百番[16]이면 백번百番 밖으로 나와 제집에 올라가서 눈다. 어깨 위에 있다가도 변이 마려우면 내려달라 키를 살살 물어 신호를 보낸다.

변은 더럽다고, 옷에다 변을 누면 안 된다고, 제집에서만 변을 보라고 누가 가르쳐준 것도 아닌데, 어찌 알고 스스로 그리 행동하는지 놀라울 따름이다.

이런 까닭에 Dandy를 함부로 대하지 못한다. 날짐승이라도 쉬이 대하기 어려워 자연스레 예를 갖추게 된다.

과연 동물인가 싶어서다.

언제부터인지 모르게 Dandy는 우리 집의 보물이 되었다. 녀석 덕분에 시간 가는 줄 모르고, 날이 가는 줄 모르고 웃으며 산다.

즐거운 나날이다.

---

16) ① 여러 번 거듭.
② 전적으로 다.

Dandy댄디 Ⅱ

"아버지!" 딸의 외마디 소리에 놀라

"왜냐?" 했더니,

흥분한 목소리로, "Dandy가 '밥 주세요!'라고 했어요."한다.

여러 가지 많은 말을 하지만, '밥 주세요'는 처음이라 나도 적이 놀라고 흥분이 된다.

Dandy 집으로 다가가 밥그릇을 보니 이게 웬일인가!

녀석의 주식主食인 해바라기 씨가 한 알도 없이 껍질만 수북이 먼지가 되어 있다. 그릇을 비워주고 새로이 해바라기 씨를 채워주며 기특하기 그지없어 내려다보고 있는데,

"어서 오세요~!"라고 자주 하는 말을 한다.

밥이 떨어졌다고 밥 달라고 말을 하다니, 새가!

가슴 뻐근한 감정을 감당하기 어렵다.

더더욱 놀라운 것은 변을 누고 나면 빨리 당장 치우라고 딸아이 방문 앞에 다가가,

"지언아!" "지언아!" "지언아!" 불러댄다.

딸아이가 나와 치워줄 때까지 점점 더 큰 소리로 부르는 그 모습이 기특하여 흥분을 가라앉힐 수가 없다.

동물도 세월에 따라 지능이 발달하는지 날이 갈수록 동작과 말투가 성숙하게 변모한다.

"똥을 뿌웅~!" "가자~!" "잘거야!" "빨리 와!" "집 잘 봐~!" "혼 나!" "지금 혼날거야?" "목욕을 하자! 목욕!" "이제 자러 들어갈 거야." 등등 수 많은 말을 하고, 변을 누면 딸아이가 치울 때까지 유심히 지켜보고 있는 둥, 안 하던 행동을 한다.

"수박", "포도", "홍시", 그냥 평범하게 하던 말투가 어느 때부터 "**수**~박", "**포**도-", "**홍시**', 음절마다 장단과 강세를 조절한다. 밥을 먹다 배가 부르면, "안 먹어."라며 부리를 돌릴 때도 그야말로 벅찬 감정을 누르기가 힘들다.

날만 새면 변모하는 Dandy의 동태에 우리 집은 낙원이다. 가정의 행복은 사람이나 재물로 인한 경우가 태반이나 동물도 그에 못지않다.

어느덧 Dandy가 내게 온 지 15년이 넘어간다. 얼마 전부터 녀석을 볼 때면 수명부터 떠오른다. 회색앵무의 수명이 25년~30년이라는데, 제발 그러하기를 간곡히 바란다.

새의 수명이 '설마'하고 의심스럽기도 하나, 역으로 그만이나 장수를 빌고 빌기에….

Dandy, 반드시 장수하라!

산다는 것

사람으로 태어나 나름 긴 시간을 살다 보면, 의도하지 않아도 자연스레 사람과 삶 또는 인생에 대해 깨닫는 것들이 있다. 그중에 하나는 '사람은 누구나 살다 보면, 대동소이大同小異한 의문을 갖는다'는 것이다.

'나는 그리고 사람은 왜 사는 걸까?'
'나는 그리고 사람은 무엇 때문에, 무얼 위해서 사는 걸까?'
'나는 지금 잘살고 있는 걸까?'
'나는 앞으로 잘살게 될까?'
'어떻게 하면 잘 살 수 있을까?'
'왜 이처럼 힘들게 사는 것일까?'
'언제까지 어려움을, 고통을 참고 살아야 하나?'
'남들은 안 그런데, 왜 나만 이토록 힘들까?'
'죽으면 다 끝나는 걸까?'

수많은 이들을 만나고 이야기를 주고받다 보면, 대개 거기서 거기인 고민과 질문 그리고 하소연이 오간다. 나 또한 같은 세상을 살아가는 같은 존재이니, 나의 고민과 삶인들 크게 다를 바 없다.

반복되는 물음에 답을 찾다 보니, 그 답은 그리 멀리 있지 않음을 살아온 세월을 통해 깨닫는다.

내가 그리고 사람이 사는 이유는 이 시간을 함께하는 이들이 있기 때문이고, 이들과 더불어 용기를 내어 느리고 더디더라도 때때로 후퇴하고 되돌아가더라도, 포기하지 않고 다시 앞으로 나아가고 있다면 잘살고 있는 것이 아닐까 싶다. 이 세상 누구도 결코 혼자 살 수 없고, 타인과 상관없이 홀로 행복할 수 없는 법이다.

누구나 꿈꾸는 잘 사는 방법 그리고 행복하게 사는 방법은 하나다. 나와 함께하는 이들이 잘살고 행복하기 위한 노력을 포기하지 않고 오늘도 희망을 품고 살아갈 때, 나도 모르게 살포시 다가오고 주어지는 것이리라!

2022년 11월 끝자락에 몇 년 전 마주한 젊은이가 멋들어지게 심어진 난 화분과 함께 편지 한 통을 들고 왔다. 편지를 읽고 나서, 내가 잘살아 왔음을 그리고 행복한 삶을 살고 있음을 깨달을 수 있었다. 이 편지 한 통은 그간 내가 받아 온 무수히 많은 선물과 비교하기 어려운 의미를 담고 있어, 「밥 아니 먹어도 배부르다」가 틀린 말이 아님을 느끼게 한다. 재물이나 성취를 통해서 인생의 목표를 이루고 잘살고 있다, 행복하다 느끼는 것도 가능하나, 누군가의 삶에 용기와 희망을 주었을 때 와닿는 감동은 그 무게가 다르다.

LETTERS TO YOU

최철웅 선생님께

안녕하세요. 4년전, 선생님을 처음뵙고, 이름 받은 윤혜림 입니다.

이번년도 중순에 선생님께 찾아 갔는데, 더 이상 만나지 않으신다는 얘기를 듣고, 아쉬운 마음보다는 건강이 안 좋으신건지,.. 걱정이 먼저 되었습니다. 그때부터 뭐라도 마음을 표현할 길이 없을까 고민하다가 이제야 이리 찾아뵙게 되었습니다.

선생님께서 지어주신 이름덕분에 힘든 코로나상황에서도, 무탈히 잘 지내고 있습니다. 또, 김서지언니 부탁으로 제 남자친구의 이름까지 지어주셔서, 좋은인연과 평생을 함께 할 수 있을 것 같습니다. 감사합니다.

한번은 몸과 마음이 많이 지치고, 하는일도 적성에 안 맞는 것 같아, 선생님께 갔었는데, 저에게 이렇게 말씀해 주셨습니다.
"다했다. 고생 다했어. 이제! 너는 걱정없이 살아도 된다. 걱정없이 살아도 돼."
그 말씀이 다 놓아버리고 싶은 제 마음을 다시 잡게 해줬습니다.

지금은 고심끝에 제가 진짜로 하고 싶은일을 해보려고, 조심스레 준비중 입니다.

LETTERS TO YOU

선생님의 그 말씀이 없었다면, 전 긍정적으로 미래를 내다보기 보단, 매일매일 걱정만 하고 살았을 겁니다.

선생님의 말씀은 어떤이에게는 삶을 살아갈 수 있는 희망이 되고, 어떤이에게는 다가올 위험을 피할 수 있는 지혜가 되는 것 같습니다. 많은 이들을 진심으로 도우셨으니. 더 많은 복을 받으실 겁니다.

제가 빛을 보는 그날 꼭 선생님께 찾아가 감사인사를 또 드리고 싶습니다.
그러니 꼭 만수무강. 무병장수 해주세요.

항상 감사를 드리며. 깨끗하고 선한 마음으로 나누며. 살겠습니다.

- 윤 혜림 드림 -

尹惠琳

길고 긴 인생을 관통하는 것을 하나 고르라면, 그것은 「苦」(고)[17]라 하겠다.

탄생에서 죽음으로 지구와 작별을 고하는 그 순간까지 삶은 온통 「苦」가 함께한다. 육체적 정신적으로 무수한 고통, 괴로움, 슬픔, 좌절, 절망 그리고 분노들이 용암처럼 들끓고 분출하는 소용돌이 속에서 잠시 잠깐 때때로 느끼는 즐거움과 행복으로 완성하는 것이 인생이고 삶이다.

하여 늘 인내와 용기를 갖고 어떠한 순간도 포기하거나 좌절하지 않고 나아가야 한다.

풍요롭거나 곤궁한 삶을 살거나, 높은 지위에 올라 성공하여 명성을 얻거나, 평범한 자리에서 일상의 삶을 살아가거나 - 만인萬人은 시작부터 끝까지 홀로인 경우는 한순간도 없다. 함께여서 살아가는 것이고 함께 잘살아야 하는 것이다.

그러므로 끊임없이 자신을 바로 세우고 주변을 살피어 삶의 의미를 되새기고 보람을 찾아야 한다.

이것이 바로 산다는 것이고 잘산다는 것이리라!

17) 몸이나 마음이 편하지 않고 고통스러운 상태. 또는 그런 느낌.

베란다

베란다에서 할 일 없이 의자에 기대어 독서나 즐기다, 딸의 권유로 양재동에 있는 꽃시장을 갔다.

양재동 꽃시장은 가동과 나동 두 동으로 나누어져 있는데 습관처럼 가동으로 발이 간다. 가동에는 「인상 좋은 집」이라는 간판이 달린 가게가 있다. 「보기 좋은 떡이 먹기도 좋다」고 간판에 끌리기도 한다.

가동 「인상 좋은 집」에 들어서니 가지각색의 양란이 끝없이 피어있다. 황홀한 꽃물결에 취해선지, 잘 왔다 싶다.

그런데, 이내 그사이 솟구친 꽃값에 놀랐다. 몇 그루 사려니 죄질 것만 같다. 용돈 몇 푼에도 벌벌 떠는 나다!

"다 그래요." 옆에 있는 딸의 목소리다.

욕심 같아선 빠짐없이 두루두루 사고 싶으나, 망설임 끝에 빨강과 하양 덴드로비움 팔레놉시스Dendrobium phalaenopsis[18] 두 그루를 샀다.

베란다 볕 잘 드는 쪽에 나란히 세워 놓으니, 갑자기 뭐 문화인이라도 된 듯 뿌듯하다.

---

18) 일반적으로 '덴파레'라는 약칭으로 불린다.

날이 갈수록 싱싱한 꽃이 화사하여 기쁘고 그 의자에 그 책에 같은 독서인데 이전과 달리, 훨씬 흥미롭다.

갑자기 베란다가 집 한쪽에 있는 생활공간이 아니라, 행복한 삶의 공간으로 느껴진다.

왜 짐짓 이 황홀한 꽃의 위력을 몰랐던고!

'내일 또 꽃시장에 가야지!'

벌써 즐겁고 행복하여 흥분된다.

커피

쌉싸래하면서 야릇한 맛이 나는 커피!

하루에도 열 잔은 족히 마시는 딸을 보면서 맛도 없고 쓰디쓴 것을 왜 저리 많이 마실까, 이해도 안 가고 얄밉기도 했다. '그만 마셔라!' 야단도 무수히 쳤다.

그런데 술도 못 마시고 싱겁게 지내던 어느 날, 볼펜을 내려놓고 쉬는데 불현듯 딸이 즐겨 마시는 커피가 생각난다.

마셔보고 싶다!

주방에 들러 딸이 하던 대로 한 잔 타서 홀짝홀짝 마셨다. 생각과 달리 감칠맛이 제법이다.

며칠 사이 한 잔 마시던 커피를 두 잔, 두 잔이 세 잔, 술술 늘어간다.

평생 커피를 마시지 않던 분이 그렇게 갑자기 많이 마시면 큰일 난다고 딸아이가 걱정한다. 그러나 어찌하랴. 커피를 아니 마시면 무료함을 달랠 수 없다.

평생을 안 마시고도 잘 지냈는데, 늦바람이 무섭다 싶다. 이제 커피 없이는 일이 잡히지 않을 정도다. 내 마음이 약한 것인지 커피의 감칠맛이 대단한 것인지!

어쨌든 커피를 마시게 된 것이 다행이라는 생각이 든다. 커피 덕분에 앞으로의 모든 작업에 무료함을 모르고 할 수 있게 되었으니 말이다.

자그마한 것이라도 새로운 것은 대단한 느낌이다.

오늘도 커피와 더불어 하루를 연다.

야구野球

야구라고 명명하여 승화시켜 그렇지, 그냥 보기에는 몽둥이를 휘두르는 험한 인상을 준다. 그러나 계속 보고 있노라면 정교한 질서와 다양한 기술이 정연하게 펼쳐져 모르는 사이 흥미에 빠져든다. 특히 응원하는 팀의 선수가 홈런을 쳤을 때는 일시에 가슴이 뻥 뚫려, 마음속 찌꺼기를 단번에 쓸어내는 느낌이다.

야구에 흥미가 당겨, 경기 시작 시간이 되면 으레 시청하는 습관이 생기고 자연스레 좋아하는 팀도 생겼다. '왜 진즉 야구를 모르고 무료하게 지냈을까!' 하는 후회도 된다.

솔직히 말해서, 이전에는 '왜 부질없이 저런 걸 보며 시간을 낭비하나?' 하고 비웃었다. 지금 생각하면, 함부로 남의 취미를 평가하는 태도는 반드시 고쳐야 한다는 생각이 든다.

어떻든 이젠 야구 경기가 없으면 무료해서 허전하기만 하다. 월요일은 경기가 없어 저녁 시간이 기다려지지 않는 까닭에 일주일 중에 가장 무료하게 느껴지는 날이다.

나의 지금 심정으로 보아 다른 많은 이들도 그러리라 싶다.

갑자기 이 같은 입장이, 생활의 낭비일까 보충일까 궁금하다. 그냥 보충이라 생각해 두자. 그래야 마음 편하고, 계속 야구에 취하여도 부담이 되지 않을 것이니….

사람살이[19]

19) 사람이 세상을 살아나가는 일. (=인생, 인생살이)

연못

이른 아침 소파에 앉아 무심無心이 창밖을 보고 있는데, 문득 베란다의 너른 공간이 허전해 보인다. 이 공간에 무언가 꾸미면 좋겠다 생각이 들어 궁리 끝에, 연못을 만들고 잉어를 기르면 어떨까 싶다.

내친김에, 조반을 끝내자마자 시멘트cement를 사와, 베란다 바닥과 벽을 물 샐 틈 없이 바르고 또 바르며 말리기를 반복했다. 며칠을 보내고 물을 가득 채워 다시 며칠을 보내며, 시멘트의 독성을 우려내었다. 방수가 잘된 너른 베란다에 물을 채우고 물갈이약도 용량에 맞추어 넣어주었다. 준비를 마쳤겠다, 청계천 수족관 거리에 늘어선 가게 한 곳에서 중치 잉어 열 마리를 사다 넣었더니, 훌륭한 연못이 되었다.

이런 궁리를 한 내가, 여간 대단하다는 생각이 들었다. 매일같이 틈만 나면 소파에 앉아, 잘 놀고 잘 먹으며 팔뚝 크기로 자라는 잉어들이 가득한 연못을 들여다보는 재미에 푹 빠져버렸다. 코앞에 이리 커다란 연못이 있는 것도 대단한데, 가지각색 잉어가 노닐고 있으니 더욱 그렇다. 큰 힘이 들어 버거울 때도 있었으나, 내 손으로 조성한 베란다의 연못이 실로 대단한 즐거움을 누리게 한다.

인간은 자기 주변에 꾸준히 관심을 지니며 살아야 한다.
그러노라면 예상에 없던, 새로운 발견이 있을지 모르니!

선물膳物

'선물'하면, 생일, 크리스마스, 입학, 졸업, 어린이날, 어버이날, 결혼기념일, 스승의날, 합격 등등 축하하고 축하받을 일들이 연달아 떠오른다. 또한, 민족 명절인 설날과 추석도 가족과 지인들 간에 고마움과 감사함을 전하기 위해 빠질 수 없는 선물의 날이다. 일상의 크고 작은 축하와 감사의 자리에는 항상 마음이 담긴 크고 작은 선물이 자리한다. 그래서 선물이 오가는 자리는 으레 기쁘고 즐겁고, 고마움과 뿌듯함이 넘치기 마련이다.

선물은 사람 간 정情을 나누는 데 필수적이다. 정이 전제이기에 사실 값은 큰 의미가 없다. 소소한 선물이라도 정이 어리어있으면 그저 흐뭇하다. 별거 아닌 선물을 받고 즐거워하는 어린아이를 보고 있으면 절로 흐뭇한 까닭이 이에 있다. 그러나 선물에 담긴 마음 그 자체를 보지 않고, 때로 선물의 대소나 값어치를 따지고 이면에 담긴 이중적 뜻을 찾는 속물들 또한 있기 마련이다.

이는 선물이 지닌 특성에 기인한다. 선물은 주는 이가 있고 받는 이가 있기에 의도치 않게 양면적 특성을 갖는다. 선물은 주는 이의 경제 형편에 따라 값에 있어 높고 낮은 차이가 자연스레 날 수밖에 없다.

형편이 어려운 이가 분에 맞지 않게 값나가는 선물을 하면, 받는 이의 마음은 고맙기보다 오히려 불편하기 마련이다. 이와 반대의 이유로 선물이 기대했던 값에 미치지 않다 느끼어 언짢은 마음을 갖고 서운해하는 속 좁은 사람도 있다. 이런 경우 선물의 의미는 퇴색될 수밖에 없다.

또한 선물을 주고받는 사람 사이의 관계, 상호 간의 사회적 위치, 그리고 선물하는 이유와 목적에 따라 선물이 지닌 의미가 달라지기 마련이다. 선물이 의무감이나 강요로 마음에도 없는 소비가 되어 부담감과 불만을 불러일으키거나, 때로는 뇌물이 되어 사회구성원 간에 불신과 분노를 불러일으키는 검은 상자가 되기도 한다.

이러한 까닭에 선물은 주는 이와 받는 이 모두 진실한 마음으로 주고받을 때 그 값이 고귀해질 수 있다. 선물이 오가는 이들 사이에 마음과 정성을 보기보다 표면적 값을 따지고 축하와 감사와 고마움 외에 다른 의미가 담긴다면, 이는 선물이라 할 수 없다.

지금껏 살아오며 다양한 이들로부터 수많은 선물과 용돈을 받았다.

인간사에 일방통행은 없는 법이기에 받은 만큼 돌려주어야 하는데 그 많은 이들에게 이를 지키지 못할까 싶어 저이 염려되고, 모두가 섭섭하지 않게 하는 것 또한 쉽지 않기에 때로 염치廉恥[20]가 송구悚懼[21]하다.

인생에 혹여 빚을 남길까 두려운 까닭이다.

오래전, 자식이 주는 두둑한 겨울 내복 선물 꾸러미를 뜯었을 때의 뭉클함을 아직도 잊을 수가 없다. 누구나 그렇겠지만, 장성한 자식이 주는 첫 선물은 그 어떤 선물과 비교할 수 없는 애틋한 무엇이 있다. 한 조각의 이해타산利害打算[22]도 묻어있지 않은 순수함과 진실함이 주는 감동과 떨림이 아닐까 싶다.

부모와 자식 간에 주고받는 첫 선물처럼, 세상의 모든 선물에 이처럼 정갈한 마음만 담긴다면 이보다 깨끗하고 아름다운 물질이 세상 어디에 존재하겠는가!

선물은 공동생활에 최적의 제스처가 될 수 있다. 주고받는 이 서로가 아끼는 마음, 따뜻한 마음, 축하하는 마음, 감사하는 마음 그리고 절제하는 마음으로 오간다면 고산 절벽을 뚫어 통로를 개통한 기분을 만끽하리라!

---

20) 체면을 차릴 줄 알며 부끄러움을 아는 마음.
21) 두려워서 마음이 거북스럽다.
22) 이해관계를 이모저모 모두 따져 봄. 또는 그런 일.

재기 再起[23]

합격자 발표문에 내 이름이 없다. 낙방이다. 다시 시작해야겠다. 재기를 생각하니, 낙방 앞에 깡그리 무너져 사라진 그동안의 노력이 영화의 한 장면처럼 떠올라 안타까움이 더한다. 그래도 각고의 대가로 얻는 것이 있으니, 다시 바닥난 노력을 쓸어 모아 재기해야 한다. 하지 않을 수도 있지만, 하지 않으면 허물어진 거친 바닥 위에서 절뚝이며 나머지 삶을 살아야 하니까. 그냥 살기에도 힘이 드는데 절뚝이며 산다는 것, 있을 수 없는 일이다.

그러나 말하기 좋아 재기지, 어디 그리 쉬운 일인가! 소진하여 바닥난 찌꺼기를 긁어모아 다시 시작한다는 것, 타고난 인내가 없는 사람으로서는 꿈도 못 꿀 일이다. 그 꿈을 내가 꾸어야 한다. 아니, 꿈이 아닌 현실로 실현해야 한다.

철호는 지난날과 앞날을 두루두루 생각하며 실컷 울었다. 한바탕 흐느끼고 나니 뭔가 좀 풀린 것 같다.

혀를 깨무는 노력 끝에 이듬해 가을 합격자 발표문에, '송철호' 세 글자가 보인다.

실패를 딛고 몸부림치는 노력 끝에 재기하는 데 성공한 것이다.

---

23) 다시 일어남. 갱기(更起).

실기 失機[24)]

사람이면 누구나 눈을 뜨면, 기회의 시작에 임하는 듯싶다. 일상인 일 자체가 기회다. 말하자면 일이 기회고 기회가 일이란 뜻이다. 때에 따라 해야 할 일을 놓치면 실기, 기회를 놓치는 것이다. 때는 유치원생일 때, 중학생일 때, 대학생일 때, 직장인일 때 등과 같이 시간의 어느 기간이나 부분으로 연속적이지만 기회는 연속의 한 토막으로 그 순간을 부여잡지 못하면, 영원히 잃어버리기에 신중해야 한다.

준수는 본시 공직을 목표로 학업 중이었는데, 그의 아버지가 "公子는 「先富之 後敎之」라 밥부터 먹이고 가르치라 했고, 管子는 「사람은 곳간이 넉넉할 때 예절을 알고, 의식의 부족함이 없어야 부끄러움을 안다」고 했다. 「입고, 먹고, 자는 것이 족해야 예절을 갖춘다」는 뜻이니, 돈이 있어야 도道도 펼 수 있다."라고 말하였다. 아버지 말씀이 그럴듯하여 공직을 향한 학업을 접고 돈부터 벌기 위해 여기저기 이것저것 떠보기 시작했다. 월급으로는 지루할 것 같아 중국에 자리를 잡고 돈 된다는 사업에 끼어들었다가 가진 자본을 깡그리 날리고 여기저기 빚까지 잔뜩 지고 파산했다.

때가 지나 간절했던 교직의 기회는 사라졌다. 실기다!

---

24) 시기를 놓침. 기회를 잃거나 놓침.

방치 放置

도철은 부탁할 일이 있어 정수 집에 들렀다. 정수네 개가 새끼를 낳은 줄 모르고 여느 때처럼 들어섰는데, 현관문을 열기 무섭게 도치[25]가 달려들었다. 도치가 장다리를 물고 늘어져 도철은 깊은 상처를 입었다. 예전에는 갈 때마다 꼬리를 마구 흔들어대며 성가시게 굴었던 도치다.

정수는 너무 놀라 어찌할 바를 모르고 크게 당황했다. 순간 화가 치밀 대로 치밀어 막대를 찾아들고 도치를 위협하자, 도치는 으르렁대며 정수에게마저 달려들었다.

"이 자식이 주인도 몰라보네!"

정수는 한발 물러서서 눈을 부릅뜨고 으르렁대는 도치를 바라보다, 문뜩 오늘 신문에 난 기사가 떠올랐다. '개도 제 새끼를 위해서는 주인도 몰라보고 달려드는데, 그 부모는 어떻게 자식들을 버리고 도망쳤지!'

방치 - 내 책임하에 있는 것을 본체만체하는 것, 인간사회에서 있어서는 아니 되는 일로, 그것도 자식이라면 반듯이 천벌을 면치 못할 것이다.

부모에게 가장 큰 소원이 있다면 오직 하나 자식인데, 그것을 저버리는 부모는 부모가 아니고 사람이 아니다.

---

25) 정수가 기르는 개 이름

정情

흔히 '정'하면 연인관계를 떠올리는데, 그도 그거지만 실은 세상 모든 존재와 관계되어 있다.

정희는 우연히 친척 집에 갔다 강아지 한 마리를 얻어왔다. 어미젖을 뗀 지 얼마 되지 않은 새끼인데도 다가가면 꼬리를 살랑거린다. 무심코 데려온 강아지인데 솔솔 정이 든다. 이름을 「삐삐」로 하였다. 어린 조카가 옆에서 호루라기를 삐삐- 불고 있어 그냥 그리 불렀다.

삐삐는 한 달이 지났는데도 데려올 때 그대로다. 종자가 그렇다고 한다. 정희는 삐삐가 없이는 한시도 못살 것 같이 정이 듬뿍듬뿍 든다. 이 아이와 살면 시집을 안 가도 될 성싶은 정도다. 그냥도 예쁜데, '앉아!' 하면 앉고, '서!' 하면 서고, 시키는 대로 하는 품이 정을 송두리째 뺏어간다. 삐삐에 대한 정희의 애정은 주위에서 미쳤다고 할 정도다.

그리 지내던 어느 날, 갑자기 정희의 혼사가 성사됐다. 정희는 결혼을 안 하면 안 하지 삐삐를 두고는 못 간단다. 어쩔 수 없이 어른들이 시가媤家에 사정을 구했다. 다행히 정희는 남편과 시댁에 소홀하지 않을 것을 전제로 승낙을 얻어 삐삐를 데리고 시댁에 들어갔다.

도대체 '정'이 뭐길래….

상처 傷處

전화벨이 울린다. 수화기 너머 준수가 나를 보았으면 하기에 흔쾌히 오라 했다.

이내 준수가 찾아와 사업 얘기를 꺼내기에, 이를 제치고
"홀로 너무 오래 지내는데 만나는 이가 없냐?" 물었더니,
"홀로 지내는 게 편해요." 한다.

"혼자가 편한 줄은 알지만, 볼썽사나우니 짝을 짓는 게 좋겠다." 하니, 머리를 절레절레한다.
「자라 보고 놀란 가슴 솥뚜껑 보고 놀란다」는 속담이 떠오른다. 마음의 상처가 깊은 듯싶다.

모르는 바 아니나 이대로는 아닌 것 같아,
"그래도 찾아보는 게 좋을 듯하다." 했더니,
"그 여자가 그 여자인 것 같아요, 누구도 생각조차 없어요." 한다.

짝부터 챙기는 게 순서인 듯싶은데…,
준수는 요지부동이다.

감정感情

「열 길 물속은 알아도 한 길 사람 속은 모른다」고, 사람의 감정은 참으로 가늠하기 어려운 것이다.

판수와 광모는 주위가 다 아는 절친한 친구 사이었는데, 서로가 정치에 발을 대고서부터 티격태격 사이가 벌어졌다.

"판수야! 그 자리가 뭐가 그리 좋아 그러고 있어. 당장 집어치우고 우리 당으로 와."

"광모야! 그거 내가 네게 할 소리야."

판수와 광모는 365일 서로를 향해 부어터져 있다.

동향同鄕에서 태어나 만나고부터 같은 초등학교, 중학교, 고등학교, 대학교에 학과까지 같았으니, 그 사이가 오죽했을까! 서로의 정은 부부의 정보다 더 깊다 할 만치 절친한 사이였는데, 정치에 발을 대고 당이 갈라지기 시작하면서부터 어쩌다 원수 같은 사이가 되고 말았다.

소임에 따라, 감정도 같이하는가 보다! 사람들은 두 사람 사이를 보면서 인생사 모른다고 고개를 절레절레한다. 제아무리 두터운 정도 이해득실에는 구름이 흩어지듯 흐지부지 흩어진다. 처지와 상황에 상관없이 감정을 얼마만큼 잘 다스리느냐에 따라 인격의 척도를 가늠할 수 있다.

감정, 매 순간 다시 살피고 조절하며 살아야겠다.

절연絶緣

사람 사이 흔적도 없이 인연을 끊는 게 어디 쉬운 일인가!

주태와 동호는 주위가 다 부러워할 정도로 둘도 없는 친구다. 하루라도 못 보면 끼니를 건너뛸 정도다. 그러던 사이가 장성하여 돈을 벌기 시작하면서부터 조금씩 소원해지기 시작했다.

주태는 스물아홉 살 때, 동오가 돈을 벌자 자신을 두고 홀로 중국 연변에서 한국으로 갔다고 50이 다 된 지금까지 인연을 끊고 산다. 20여 년이 흘러 연락이 끊어진 주태의 마음을 전해 들은 동오 말로는 그때 자신이 망하여 더는 버틸 수가 없어 주태에게 함께 가자고 했으나, 그가 싫다고 해 혼자서 건너왔다고 한다.

동오는 세상에 둘도 없는 친구로 내 몸처럼 지냈던 친구라 내내 손을 내미는데도, 주태가 전혀 반응이 없다고 못내 섭섭해한다. 처자식 관심이 없을 정도로 속이 상하고 저도 내 맘과 같을 터인데 고집을 부리고 있다며, 몹시 고통스러워했다. 지금이라도 주테에게 가서 두 무릎이라도 꿇어야겠다고 마음을 단단히 굳히고 있다.

'절연 - 그것은 있어서도 있을 수도 없는, 말도 안 되는 말이라면서….'

반성反省

반성 - 죽을 때까지 하고 또 한들 다 할까만, 실수나 잘못을 하나라도 더 줄이기 위하여 끊임없이 해야 한다. 사람은 평생 과오過誤를 저지르며 살아가기 때문이다. 동물은 도덕이 없으니 반성이 필요 없으나, 인간은 무궁무진한 도덕과 규칙이 있기에 전후좌우를 끊임없이 살피고 또 살펴 그릇됨이 없도록 해야 한다.

대관이가 집에서 쫓겨나 친구 하숙집에 같이 있다고 한다. 대관이 모친을 불러 이유를 물었더니, 공부하는 녀석이 하라는 공부는 안 하고 주식 투자에 손을 댔다고 한다. 크게 반성할 일이 아니니 불러들여 타이르라 했다. 반성은 허물이 전제되어야 하는데 주식 투자가 허물은 아니기 때문이다.

반성은 사람이 사람답게 또는 사람으로 살아가는데 절대적 요인이나, 그 대상을 잘 살펴야 한다. 자신의 언행에 대하여 잘못이나 부족함이 없는지 돌이켜 봄은 자발적으로 발현하고 작동해야 반성이기 때문이다. 반성할 요인이 아닌 것에 반성을 요구하면, 전제부터 잘못되었기에 올바른 반성이 될 수 없다.

인격 형성의 질과 방향은 반성의 척도와 형질에 따라 달라진다. 양질의 반성이 많으면 많을수록 인격의 질도 향상된다.

이별離別

잠시 잠깐의 헤어짐이 아닌 영영 다시 보지 못할 이별이나 다시 보기 싫은 이별은 슬픔과 고통을 안기기에 서로 꺼리는 일이다.

세월의 흐름에 따라 부모와 자식 간에 불가피한 이별은 어쩔 수 없이 받아들여야 하는 슬픔이고 피할 수 없는 결과다.
이와 달리 연인 간에 또는 정들어 살던 부부간에 이별은 서로 면하기 위해 최선을 다하기 마련인데, 이를 피하지 못하면 오랜 세월 아니면 일생 동안 고통을 안고 살아가기도 한다.

간혹 이별이 전화위복이 되어 행복을 찾거나 새로이 희망을 품고 살아가는 수도 있으나, 가뭄에 콩 나듯 드문 경우고 대개는 여생을 상처에 시달리며 아픔 속에서 살아간다.

이러한 결과를 잘 알고 있거나 예측하기 때문에 서로가 이별을 피하려 애쓰는 것이리라.

한번 인연을 맺으면 죽을 때까지 함께 했던 시절은 너무도 먼 과거의 일이 되어 지금은 너무도 쉽게 또는 한순간 감정으로, 때로는 견디다 견디다 이별을 택하는 인연들을 도처에서 만난다.

막내와 동년배인 미영은 공무원인 남편의 외도를 알게 된 후, 지난 세월 자신의 희생과 고생에 대한 분노로 순간 감정을 다스리지 못하고 자신도 외도를 저질렀다.

부부간 신뢰는 산산조각이 나고 남편이 앞으로도 외도하리라는 불안에 휩싸여 하루하루를 지옥에 머무는 듯한 고통으로 눈물이 마르질 않았다. 20여 년을 함께 한 부부는 세 아이를 둔 부모로서 책임감은 온데간데없이 각자의 상처만을 들쑤시며 이혼을 생각하기 시작했다.

어느 일요일 이른 아침, 미영으로부터 남편이 방 문고리에 끈을 매달아 놓고 출근했다는 황당하고 무서운 이야기가 전해졌다. '남편이 죽으려는 것인지, 자신 보고 죽으라는 뜻인지 알 수 없다, 이제라도 자신의 인생을 찾고 싶으니 이혼하면 안 될까!'라는 하소연을 끝없는 눈물과 함께 쏟아내었다. 어쩌면 미영의 하소연은 이별만큼은 피하고 싶은 마음속 깊은 곳에 자리 잡은 두려움이 아닐까!

긴 세월을 함께하며, 자식을 셋이나 둔 부부가 어디 그리 쉽게 이별할 수 있겠는가! 경제적 문제, 자녀 양육 문제, 앞으로의 생계 문제 등 서로가 당면할 현실적 문제에 더 큰 두려움을 갖고 있지만, 아직 어린 자녀들이 평생을 거쳐 받게 될 상처와 고통에 너무도 무관심하여 안타까움이 컸다.

오래전 막내아들을 먼저 보내며, 다시 볼 수 없는 이별 앞에서 회한悔恨[26]에 몸부림쳤던 시간이 아직도 선명하다.

나의 의지가 아닌 이별이라 더없이 허하고 추스르기 어려운 나날을 되씹으며 긴긴 어둠을 지나왔으나, 때로 내 의지로 인한 이별도 두고두고 되새기며 상처가 되어 남아있음은 별반 다르지 않다.

인생은 굽이굽이 휘돌아 흐르는 물과 같다.

유유히 흐르는 것 같은 물줄기라도 마냥 평온한 시간은 결코 한순간도 없다. 굽이치는 매 순간 수없이 견디기 힘든 난관을 만나 부딪쳐 꺾이기도 하고 돌아가기도 하며, 순간순간 뚫고 나가는 연속을 거쳐 망망대해에 이른다.

그리고 다시 그 바다는 쉼 없는 파도에 흔들린다.

물 한 방울이 모이고 모여 물줄기가 되고, 물줄기가 모이고 모여 그리고 흐르고 흘러, 마침내 바다를 이루기까지 그 시작부터 매 과정과 결과는 온전히 연결되어 있다.

만나고 함께 하고 자의든 타의든 이별하기까지, 나아가 이별 이후의 또 다른 시작과 끝맺음 모두가 하나의 몸이어서 따로 분리해 볼 수 없는 것이 인간이 살아가는 일이다.

---

26) 뉘우치고 한탄함.

그렇기에 앞선 이별은 그 이후의 삶과 단절되지 않는다. 이미 엎질러진 물을 다시 담을 수는 없으나 앞으로 다시 엎지르지 않으려는 각오와 노력이 따른다면, 앞으로의 시간은 생각한 것과 전혀 다른 이야기를 들려주기도 하는 것이 인생이다.

첫 단추를 온전히 끼웠다면, 더 많은 시련이 온다 해도 참고 견디어 유종의 미를 거둘 방법이 없나 백번이고 만 번이고 뒤돌아보며 마지막 단추까지 끼워나가는 수고를 아끼지 말자.

더없이 고통스럽고 서러운 것이 순리를 벗어난 이별이고 그 결과는 끝까지 내 삶을 어지럽히기 때문이다.

배신背信

믿음을 주고 살아왔던 사람이 그 믿음을 저버리고 등을 돌린다면 적이 실망을 넘어 절망할 일이다. 사람으로 존중받는 첫 번째가 신뢰 즉, 믿음이기 때문이다.

그래서 신뢰를 저버리고 사는 사람은 인간이기를 부정하는 사람으로 필시必是[27] 버림을 받게 된다.

물론 세상을 살다 보면 믿음을 거두어들이고 등을 돌리는 경우도 생길 수 있다. 이 경우에는 저버릴 까닭이 분명히 있어야 한다. 아무 이유가 없는데도 또는 그릇된 생각이나 욕심으로 신뢰하는 이의 믿음을 저버리면, 이러한 일련의 과정이 배신이다.

경태는 부모로부터 물려받은 오래된 시골 땅을 수십 년간 그대로 묵혀두고 있었다. 일가가 모두 서울에 자리 잡은 지 오래인지라 내려가 농사를 지을 수 있는 자식도 없는 터였다. 양지바른 땅을 더 이상 그대로 둘 수 없어 인근 부동산중개소에 땅의 시세를 묻고 내놓았다.

얼마 지나지도 않아 이 소식을 어찌 들었는지, 옛 고향 사람이 찾아왔다.

---

27) 아마도 틀림없이.

자신이 내려가 농사를 짓고 싶으니 그 땅을 내놓은 가격에 사고 싶다고 한다. 고향 땅이니 모르는 이에게 파는 것보다 고향 사람에게 파는 것이 좋지 않겠냐며 부탁한다며 간절히 요청한다.

이야기를 듣고 며칠 동안 생각에 잠긴 경태는 내가 일해 번 돈으로 산 땅도 아니고 부모의 노고로 얻은 땅을 고향 사람에게 제 돈 받고 판다는 것이 도리가 아니라는 생각이 들었다. 하여 시세의 삼 분의 일만 받겠다 마음먹고 매매계약을 하러 고향에 내려갔다. 수십 년만의 고향 방문이라 그런지 많은 것이 변해있었고 모든 것이 낯설어 잠시 허전한 마음으로 계약 장소에 들어섰다.

땅을 사기로 한 이는 경태가 받겠다는 믿을 수 없이 낮은 금액에 사기가 아닌가 하는 의구심을 갖는 듯했다. 매매계약서 작성을 마무리하고 나서야, '너무도 고맙고 또 고마워 몸 둘 바를 모르겠다.' '평생 은인으로 알고 살겠다.' 하더니 넙죽 엎드려 절까지 하는 게 아닌가!

이에 놀라 경태는 무얼 그리 고마워하냐며 흐뭇한 마음으로 계약을 끝마치고, 서울로 올라와 좋은 기분을 마무리하며 잊고 지냈다.

그 후로 한 계절이 지나고 경태의 땅을 산 이가 '고향 사람에게 제값보다 비싸게 땅을 팔았다.' '참으로 욕심이 넘치는 사람'이라고 이곳저곳 다니며 경태 욕을 하고 다닌다는 이야기가 들려왔다.

듣고도 믿기지 않는 이야기에, 경태는 살아오며 지켜온 가치가 모두 무너진 것 같은 허탈함과 절망감을 느꼈다. 그의 선한 마음은 치유하기 어려운 상처를 입었고 배신감에 치를 떨며 분노를 삭이지 못했다.

신뢰와 믿음이 산산조각이 나면, 그 상처와 흔적은 쉽게 회복되지도 온전히 치유되지도 않는다. 또한 배신을 한 사람 역시 배신자로 낙인이 찍혀 인간관계가 끊어지고 사회적 버림을 받게 되며, 구성원으로의 활동에서 배제되기 마련이다.

은혜를 배신으로 갚는 행위는 이 사회의 타락상이 어느 정도인지를 가늠하게 한다. 우리 사회의 원만한 발전을 위해서라도 이 같은 사람이 있어서는 아니 된다.

이같이 비열한 자가 되지 않도록 끊임없이 진실해야 한다.

신의와 신뢰를 중히 여기고 지켜내어 아름다운 문화국가로 발전하는 데 이바지하자.

오열嗚咽

갑자기 세상을 떠난 형수님의 죽음은 가슴이 찢어졌나 싶을 정도로 슬펐다. 형수 나이 아직 50도 안 되었을 때였다.

인생사 허무하다지만 이렇게 허무할 수 있나 싶었다.

열여섯 어린 나이에 시집와서, 시부모와 줄줄이 다섯이나 되는 어린 시동생에, 200마지기[28]가 넘는 논·밭에, 머슴 다섯 식모 셋에, 소·돼지·개·닭 수십 마리 등 건사할 일이 가히 산더미 같은 살림을 도맡아 해온 터다. 스무 살에 결혼한 형님은 술꾼과 도박꾼들에 둘러싸여 가산을 탕진하고 흥청망청 철없이 살았다. 허리 한 번 못 펴고 온종일 일만 하던 형수가 죽은 지 달포가 넘도록 돌아서면 눈물이 주룩주룩 흘러나와 훔치기가 바빴다.

지금도 형수만 생각하면 나도 모르게 눈물이 맺힌다.

'형수 살아계실 때 왜 열심히 도와드리지 못했을까!'

생각하면 할수록 죄송하고 슬퍼서 눈물이 난다.

눈물이라기보다 짠물이라 해야 할지….

이제 내 나이 90인데도 형수님 생각은 가슴속 머릿속 눈앞을 한없이 맴돌고 있다. 떠나지 아니하고 끊임없이.

---

28) ① 논밭의 넓이의 단위. 한 말의 씨를 뿌릴 만한 넓이《논은 150~300평, 밭은 100평 내외임》. 두락(斗落).
② ('논'·'밭' 따위의 뒤에 쓰여) 약간의 그것이라는 뜻을 나타냄.

저주咀呪

영미는 아침에 눈을 떠서 밤에 눈을 감을 때까지, 어떤 이유인지 몰라도 얼마 전 이혼한 남편인 동우에 대한 저주에 무서우리만치 집요하다. 이름난 무당은 빠짐없이 찾아다니며 동우를 향한 저주를 수소문하고 다닌다.

만분의 일도 소용없는 것에 한정된 육체적 · 정신적 · 경제적 · 시간적 에너지를 남김없이 쏟아 무한정 낭비하는 영미의 모습은 참으로 측은하고 안타깝다.

성년이 된 사람이면 누구나 백척간두에 서 있는 절박함이나 어려움을 느껴봤을 것이다.

지옥 같은 현실에서 벗어나는 방도는 자신이나 다른 누구의 인위적人爲的[29]인 것 - 노동, 노력, 실천, 의지, 신념, 재물, 지위 등과 같은 육체적 · 정신적 · 물질적 유형의 자산 - 외에 그 어떤 힘도 소용없다. 오직 사람만이 문제를 해결하고 어려움을 극복하는 힘을 지니고 있다.

하나님이나 부처님 같은 신의 힘도 무용無用하기는 마찬가지다. 이는 마음의 평안과 위안일 뿐이다.

하물며 무당이야 말해 무엇하랴!

29) 자연의 힘이 아닌 사람의 힘으로 이루어지는 것.

영미는 있지도 않은 허상虛想의 힘을 찾아 헤매는 것이다. 그래서 저주는 허공의 메아리와 같은 것이다.

그럼에도 인간 사는 세상에 보이지 않는 저주가 끊임없이 이어지고 있으니, 이 얼마나 안타까운 현실인가!

문명을 자부하면서 문명 뒤에 숨어있는 저주에 의지하여 산다니, 참으로 통탄에 통탄을 거듭할 현상이다.

사람들은 흔히 조물주造物主, 창조주創造主, 신神과 같은 영적이고 초월적 존재가 초자연적 힘으로 삼라만상森羅萬象[30]을 지배하고 운행한다고 믿는다.

그러나 인간이야말로 조물주에 의하여 만들어진 모든 것 - 삼라만상을 운영하고 때로는 창조하며, 더불어 감시하라는 초월적 임무와 권한을 부여받은 존재이다.

헛되고 부질없는 무엇에도 미혹迷惑[31]되지 말라!

---

30) 우주에 있는 온갖 사물과 현상.

31) ① 무엇에 홀려 정신을 차리지 못함.
② 정신이 헷갈려서 갈팡질팡 헤맴

소문所聞

소문 - 사전적으로 사람들 입에 오르내려 전하여 들리는 말인데, '항간에 떠도는 말'이 더 어울릴 것 같다. 전하여 들리는 말이건 떠돌아다니는 말이건 소문은 사실보다 더 두려운 말이다.

사실은 실제로 있었던 일이나 현재에 있는 일이기에 직접 확인이 가능하나, 소문은 무형으로 존재하지 않기에 분석이나 증명하여 확인할 수 없기 때문이다. 유형이니 무형이니 따질 것 없이 소문은 그 자체로 공포를 자아내기에 충분하다. 소문은 한계가 보이지 않아 사실처럼 결론이 없어 불안의 연속이기 때문이다.

봉식은 아파트 분양 문제로 은주 어미를 몇 번 만났는데, 어느 날부터 '두 사람이 모텔에서 나오더라…'는 소문이 떠돌았다. 얼마 지나지 않아 이 소문은 은주 아비 귀에까지 흘러들었다. 은주 아비가 칼을 들고 다짜고짜 봉식을 찾아 설치는 바람에, 이리저리 피해 다녔으나 끝내 가족을 두고 외국으로 떠나고 말았다.

무관함을 밝히기 위해 맞고소도 생각하고 주변에서 중재에 애썼으나, 칼을 들고 설치는 상대라 당장 위급한 상황에 놓이니 단념을 선택할 수밖에 없었다.

봉식은 이 같은 소문에 얽혀 얼마나 곤혹스러웠는지, 죽는 날까지 여자라면 천하를 다 준다고 해도 상종을 안 할 거라며 치를 떨었다.

'소문은 그저 소문이겠지'하고 그냥 넘봐서는 아니 된다. 잠깐의 지나침이 일생을 후회하며 살게 할 수도 있을지 모르기에, 사람은 항상 내 자취에 구린[32] 것이 있는지 살펴야 한다.

32) ① 하는 짓이 더럽고 지저분하다.
② 행동이 떳떳하지 못하고 의심스럽다.

다툼

다툼, 하나가 아닌 둘 이상이 모이는 곳이라면 언제 어디서나 다양한 이유와 방식으로 일어나기 마련이다. 사람으로 태어난 이상 누구도 홀로 살 수 없기에, 사람 사이에서는 늘 있는 일이고 없을 수 없는 일이기도 하다.

심지어 집에서 키우는 동물 간에도 일어날 뿐만 아니라 사람과 동물 간에도 일어날 만큼, 다툼은 사회적 관계에서 필연적으로 발생하는 불가피한 현상이다.

사람살이 자체가 감당하기 어려우리만치 고되고 벅찬데, 다툴 일까지 생기게 되면 불안하고 짜증스러울 뿐만 아니라 다투면서도 솔직히 겁이 난다.

그래서 되도록 다툼을 피하고자 노력하기 마련이다.

짧은 말다툼으로 끝나면 그나마 다행이지만 몸싸움이나 더 나아가 과격한 폭력 행위로까지 나아간다면, 관계의 파탄을 넘어 상호 간에 비극적 결말을 초래하기 때문이다.

다툼은 거개擧皆[33] 의견의 불일치와 이해의 대립 때문에 발생하므로, 저마다 가진 생각의 차이를 인정하는 것이 필요하고 양보의 유무가 그 결과를 좌우하는 경우가 많다.

33) 거의 대부분. 대체로 모두.

다름의 인정과 양보, 듣기에는 쉬우나 여간한 도덕과 교양의 소유자가 아니고서는 발휘하기 힘이 든다. 교양의 소유자가 얼마나 많고 적음에 따라 그 나라의 문화 척도가 자리매김하는 이유이다.

교양의 소유자가 되겠다는 마음과 노력이 따른다면, 다툼을 줄일 수 있고 세상을 살면서 만날 수 있는 갈등을 미연에 막을 수 있으리라.

빚

우리에게는 예로부터 유독 '빚'에 관한 속담이 많다.

옛말임에도 현재를 살아가는 사람들이 이를 일상에서 심심치 않게 사용하는 데는 그만큼 빚이 일상생활에 밀접히 연관되어 있기 때문이다.

「말 한마디에 천 냥 빚도 갚는다」[34)]

「소경 죽이고 살인 빚을 갚는다」[35)]

「빚준 상전이오 빚 쓴 종이라」[36)]

「빚보증하는 자식은 낳지도 마라」[37)]

「빚 물어 달라는 자식은 낳지도 말랬다」[38)]

「빚 얻어 굿하니 맏며느리 춤춘다」[39)]

「과부의 대 돈 오 푼 빚을 낸다」[40)]

「빵덕어멈 외상 빚 걸머지듯」[41)]

「허허해도 빚이 열 닷 냥이다」[42)]

---

34) 말만 잘하면 어려운 일이나 불가능해 보이는 일도 해결할 수 있나는 말.
35) 변변하지 못한 것을 상하게 한 대가로 변변한 것을 물어 주는 경우를 비유적으로 이르는 말.
36) 빚진 사람은 빚준 사람에게 기를 펴지 못하고 지내게 됨을 이르는 말.
37) 빚에 보증(保證)을 섰다가 잘못하면 패가망신하기 쉬우므로 경계하라는 말.
38) 자식을 낳아서 기르는 것도 큰일인데 그 위에 빚까지 물어 달라는 것은 큰 불효일 뿐 아니라 사람 노릇을 제대로 하지도 못한 자라는 말.
39) 없는 형편에 빚까지 내서 굿을 하는데 맏며느리가 분수없이 굿판에 뛰어들어 춤늘 춘다는 뉴으로, 어렵게 된 일을 잘하려고 노력해야 할 사람이 도리어 엉뚱한 행동을 한다는 말.
40) 과부한테 한 냥에 대 돈 오 푼의 높은 이자를 무는 빚을 내서라도 해야겠다는 뜻으로, 돈이 급하여 비록 높은 이자의 돈이라도 빌려 쓸 때 이르는 말.
41) 빚을 잔뜩 걸머지고 헤어나지 못하는 모양을 비유적으로 이르는 말.
42) 겉으로는 쾌활하고 낙천적인 듯하나 마음속으로는 걱정이 가득하다는 말. (=비단옷 속에 눈물이 괸다, 쌍가마 속에도 설움은 있다.)

누구에게는 꽉 막힌 어려움을 풀어주고, 누구에게는 목숨까지도 내놓아야 하는 것이 빚이다. 빚을 내어 순간의 어려움을 풀었든 풀지 못했던 그 과정은 참으로 곤혹스럽다.

그래서 책임감 있는 사회의 구성원일수록 빚이라면 공포에 가까운 두려움을 느끼고 꺼린다.

기동이는 현재도 집값이 솟구치듯 올랐으나 앞으로 더 많이 오를 거라는 주변 여론에 혹하여, 대출을 잔뜩 받아 집 한 채를 샀다. 그것이 상투를 잡은 것인지도 모르고.

얼마 안 가 집값은 폭락하고 대출이자는 무섭게 치솟았다. 원금은커녕 이자도 감당하지 못하는 바람에 살던 집마저 압류로 잃고 셋집으로 나앉아 후회하나 이미 늦었다.

2022년 6월, 대한민국을 슬픔과 분노에 잠기게 했던 조유나 양 가족의 사망 사건[43]도 빚으로부터 시작되어, 부모가 자식을 살해하고 스스로 목숨을 끊는 끔찍하고 잔인한 비극적 결말을 낳았다.

빚 앞에는 천륜도 인륜도 존재하지 않는가 보다!

---

43) 2022년 5월 20일, 제주도 한 달 살기 체험을 떠난 광주 일가족 3명이 행방불명된 뒤 전라남도 완도군 송곡 선착장 앞 바다에서 사망한 채로 발견된 사건이다.

빚, 실로 무섭고 두려워 심히 꺼려진다.

생각만으로도 불안하건만, 세상에는 빚을 업으로 이리 뛰고 저리 뛰며 살아가는 사람이 부지기수다. 그들 수만큼 어렵고 안타까운 사람들이 많다는 뜻이겠다. 더불어 어리석어 스스로 위기를 자초하는 탐욕에 빠진 사람들 또한 그 수를 헤아리기 어려운 세상이다.

생활에 최선을 다함이 기본이나 곤란과 위기에 처할수록 경거망동輕擧妄動[44]을 삼가, 빚만은 피하라.

44) 경솔하여 생각 없이 망령되게 행동함.

방심放心과 실수失手

오전 뉴스에서, 한 아파트 입구의 사거리 횡단보도를 건너던 모녀가 좌회전하는 자동차에 치여 어머니는 병원 이송 한 시간 만에 사망하고 천만다행으로 엄마의 보호를 받은 4세 딸아이는 생명에 지장이 없다고 한다.

불행 중 다행인가 싶지만, 아이는 자기 세상의 전부인 엄마를 눈앞에서 잃고 말았다. 초등학교에 입학하기도 전에 어미 없는 자식이 되고 만 것이다.

찰나의 순간, 자식의 생명을 보호하기 위해 부지불식간不知不識間[45) 어린 딸의 몸을 감싸 안으며 죽음의 충격을 온몸으로 받아낸 어머니는 어찌하며, '오-하나님, 맙소사!' 그 광경을 생생히 목도한 아이는 어찌하란 말이냐!

TV 화면을 통해 전해지는 남의 일이라도 깊은 한숨이 끊이지 않고 괴로운 심정을 쉬이 감당할 수 없다.

고작 4세 딸아이를 생각하면 도무지 길이 안 보인다.

모처럼 미세먼지 없이 날씨가 상쾌하여, 평상시 아파트 입구에서 통학 차량을 이용하여 유치원에 등원하던 아이가 엄마와 손을 잡고 걸어서 유치원으로 향하던 길이었단다.

---

45) 생각하지도 못하고 알지도 못하는 사이.

세상에 하나님도 없다 싶은 삭막한 감정이 일상의 생각을 바닥까지 짓누른다. 도대체 이런 잔인함이 어디 있을 수 있는 일이더냐! 괴로움에 생각을 지우려 애써도 계속해서 그 광경과 기사가 떠오르고, 생각하면 생각할수록 그 가혹함이 더욱 강렬히 밀려든다. 신이 존재한다면, 오직 그 신이 야속 또 야속할 뿐이다.

내게도 자식이 많은 탓일까! 다음, 다음 또 다음, 몇 밤을 다시 새도 어미 잃은 어린 딸아이 생각이 도무지 떠나질 않는다.

사고를 낸 운전자도 일부러 고의를 가지고 한 일이 아니지만, 순간의 방심과 실수로 씻을 수 없는 죄책감 속에서 기나긴 세월을 감옥에서 보내야 할 터, 그 가족과 더불어 이 또한 얼마나 참담한가!

한순간의 방심과 실수는 때때로 이처럼 참혹할 수 있다.

그러나 대한민국 각지에서 이 같은 야속함과 잔인함, 참담함과 참혹함이 매일 끊임없이 일어나고, 일상의 한 부분인 마냥 무덤덤하게 전파를 타고 어제도 오늘도 흘러나온다.

그리고 내일도 유사한 사건과 사고 소식이 흘러나올 것이다.

왜, 그러한가?

'설마!' 하는 방심 때문이다.

순간의 방심이 자칫 돌이킬 수 없는 사고를 부르고 인생의 파멸을 가져올 수 있다는 것을 알면서도 돌아서며 잊어버리는 어리석음 말이다.

한순간의 방심과 실수를 그저 먼 나라 남의 일이라 치부하지 말아야 한다. 한순간의 방심과 실수로 인한 참담한 고통은 언제든 내게도 일어날 수 있다.
'설마'하고 방심하는 그 순간에 말이다.

매 순간, 매사에 경계하고 경계하여 신중 또 신중해야 하는 까닭이다.

치명상致命傷

갑수는 출근길에 길을 건너다, 앗-차 하는 순간 교통사고로 두 다리에 치명상을 입고 말았다.

수족手足은 1년 열두 달 날만 새면 사용하고 살아야 하는데, 이 엄청난 변을 당하니 눈앞이 캄캄하여 한동안 아무런 생각도 하지 못하고 넋을 놓고 지냈다. 막막한 마음에 원망과 후회가 쌓이고 쌓여 긴 시간을 암흑 속에서 허우적거렸다.

중요하지 않은 신체 부위가 어디 있겠느냐만 말 그대로 사람은 '동물動物'인데 다리에 치명상이라니, 앞으로 다리의 활동을 요要하는 일은 모두 포기하고 살아야 한다는 생각에 전도前途[46]가 아득하여 방황을 쉬이 끝내지 못했다.

사고는 나 아닌 사람들의 일이라 여기고, 그 순간 신중치 못한 자신을 원망하고 후회를 되씹은들 달라지는 것은 없다. 갑수는 뒤늦게 정신을 차리고 앞으로의 인생 행로를 완전히 다시 짜야 할 상황을 받아들이고 생각한다.

'후회는 소용없는 일이다. 이전의 열배 백배 이를 아득 물고 노력해야 한다. 몸이 성한 때도 열심히 노력해야 하는데, 장애를 지닌 몸으로 게으르면 굶어 죽기 안성맞춤 아닌가!'

46) ① 앞으로 나아갈 길.
② 앞으로의 가능성이나 전망.

'비관만 하고 있을 수도 없는 일, 새로운 일거리를 찾아야 한다. 눈으로 보지 못하고, 입으로 말하지 못하고, 귀로 듣지 못하고, 두 팔이 없고 심지어 하반신이 없는 이들도 열심히 살아가는 모습을 본 적이 있지 않은가!'

'나는 두 다리 없이 무엇을 할 수 있을까?'

'내일부터 다리를 쓰지 않고 할 수 있는 일을 찾아야겠다. 다리를 쓰지 않는 일이라, 그런 일이 무엇일까? 어디 있을까? 도통 생각나지 않는다. 그래도 찾으면 있겠지, 설마 있겠지….'

갑수의 두 다리는 치명상을 입어 회복할 수 없어도, 다행히 그의 정신은 치명상을 피했다.

기적이다!

치명상을 피한 정신이 포기하지 않는다면 또 다른 기적이 불가능한 것은 아니다.

미련未戀

결과도 없는 간절한 정분情分, 고등학교 때부터 10년이 넘도록 목숨 다음으로 소중히 애모했던 유숙이가 희태와 결혼해 시야를 떠났다. 떠났으니 잊자 해도, 잊으려 하면 할수록 미련에 사로잡혀 나의 모든 것에 의욕이 상실됐다.

내가 유숙을 이렇게까지…! 스스로 놀랐다.

모든 일상이 날아간 듯한, 인생의 허무를 곱씹고 씹으며 유숙에 대한 상념을 지우려고 이를 악물고 결심해도, 날이 새면 오히려 더 선명해지는 걸 어찌할 수 없었다. 이러다 큰일이라도 내는 건 아닌가 싶은 정도에 이르러, 정신을 번쩍 차리고 흐려진 시야를 되찾으려 눈을 비볐다.

미련!

스스로가 두려웠다.

시집을 갔는데! 모든 것이 헛된 생각이다.

허공에서 무엇을 찾는 건 참으로 어리석고 못난 사람이다. 그래도 한결같이 떠오른다. 진실로 사랑했나 보다. 진실도 지나치면 진실이 아닌 병이다. 진실이었으니 잊어야 한다.

그냥 미련으로 남으면 진실이다.

사회적 동물, 그래서 인간

社會的 動物, 그래서 人間[47]

47) ① 생각하고 언어를 사용하며, 도구를 만들어 쓰고 사회를 이루어 사는 동물. ② 일정한 자격이나 품격 등을 갖춘 이.

부모父母

그저 쉬이 '내가 누구의 부모요'라 말하나, 부모는 자식에게 하나님이라 해도 과언이 아니다. 부모가 없었다면 자식은 이 세상에 존재조차 할 수 없으니 말이다.

부모에게 자식은 내 몸으로부터 갈라져 나온 존재이니 자신이나 매한가지다. 자신이나 매한가지, 사실 듣기만 하여도 끔찍하리만큼 부담스러운 존재다.

그러나 부모는 끔찍하다 느끼는 그 부담조차 온전히 그리고 흔쾌히 짊어지고서 멀고도 먼 길을 한탄하지 않고 묵묵히 걸어간다. 발이 부르트고 물집이 터져 진물이 흘러도, 굳은살이 박이도록 쉬지 않고 나아가며 행복하고 보람되다 느낀다.

오죽하면, 「부모는 문서 없는 종이다」[48]라 하겠는가!

부모와 자식은 둘이나 셋이 아니라 하나이며, 그러기에 하늘도 뗄 수 없는 관계다.

서로 하나이기에 서로가 사양[49]하지 않는다.

48) 부모는 자식을 위해 한평생 온갖 고생한다는 말.
49) 겸손하여 받지 아니하거나 응하지 아니함. 또는 남에게 양보함.

그러나 순서만은 철칙이다.

하늘이 정한 순서이기 때문에 자식이 위로 갈 수 없는 순서를 어기면 불효不孝라 명명하나, 위에서 아래로 가는 것은 당연한 순서라, 불효와 같이 명명하는 말이 없다. 부모가 자식을 대하는 도리가 그 얼마나 당연하면 불효와 같이 그에 해당하는 말조차 없겠는가.

그래서 세상은 때때로 불효는 흐지부지 넘기는데, 부모가 자식에 끼친 패륜悖倫[50]은 두고두고 회자가 되는 것이다.

부모 자식 사이는 천륜天倫[51]이다.

천륜, 부모의 도리가 그만이나 어려워 자식에 매달려 일평생 몸부림치고 사는 것이다.

50) 인간으로서 마땅히 하여야 할 도리에 어그러짐. 또는 그런 현상.
51) ① 부모와 자식, 형제와 자매 사이에서 마땅히 지켜야 할 도리.
② 부모와 자식 간에 하늘의 인연으로 정하여져 있는 사회적 관계나 혈연적 관계.

부부夫婦

「부부싸움은 칼로 물 베기」[52]란 속담이 있는데, 그만큼 부부간 둘 사이는 그 무엇도 아무것도 가릴 것이 없다는 뜻이리라. 자나 깨나 붙어사는 몸이니 당연한 말이다. 행여 서로 간에 불찰이 있어 갈라서면, 한 몸으로 살았으니 그 상처는 실로 깊을 수밖에 없음은 당연하다. 그런 일이 있어서는 안 된다는 뜻이기도 하다.

이만이나 돈독한 정분과 도리로 맺어진 부부니 그 뜻을 헤아려 생을 마감할 때까지 변함이 없어야겠다. 부부는 목숨을 앗아가는 일이 아니면 갈라져 돌아서는 우愚를 범해선 안 된다. 남과도 참고 견디면 얽힌 것이 풀어지는데, 하물며 부부끼리야….

이 세상에서 부부만큼 멀어도 가깝고 미워도 정다운 것이 어디 또 있겠는가! 부모 형제 자식 관계를 천륜天倫이라 하고 부부 관계를 인륜人倫이라 하여, 매사 '부모·형제·자식' 하지만, 부부도 그 반열에 끼워 넣어야 한다. 부부의 과정과 행함이 '부모·형제·자식'과 매한가지이기 때문이다.

「부부는 일심동체一心同體」[53], 참으로 최적의 말이다.

부부, 사랑하고 또 사랑해도 과하지 않다.

---

52) 부부는 싸움하여도 화합하기 쉬움을 비유적으로 이르는 말.
53) 한마음 한 몸이라는 뜻으로, 서로 굳게 결합함을 이르는 말.

가족家族

동물 사회에서 인간의 가족관계처럼 가깝고 긴밀하며, 영속성을 지닌 동물은 없을 성싶다. 인간의 가족관계는 유별나다 할 만큼 강렬하고, 죽어서도 사라지지 않는다. 가족을 위해서라면 목숨도 사양하지 않는다. 이 대단한 현상은 풍속-화風俗-化[54]되어 예사例事[55]로운 상식으로 굳어졌고, 이러한 현상은 세계에서도 한국이 월등하다 싶다.

목숨도 내놓을 만큼, 가족은 말이나 글로 다 표현하기 어려울 만치 소중하고 중차대한 집단임이 분명하다. 그래서 가족은 항상 의지와 소통의 대상으로 4로路 8방方으로 울, 즉 경계가 없이 열려 있다. 옛날부터 「개는 떼개[56]가 무섭고 사람은 외돌토리[57]가 무섭다」고 했다. 가족이 없는 사람은 사고무친四顧無親[58]으로 가리는 것 없이 행동하기에 무서울 게 없이 행동하여 위태롭다는 뜻이리라.

가족 친지가 있는 사람은 없이 살아도 품새가 족해 보이고, 가족이 없는 사람은 족한데도 추레하게 보인다.

그래서 인간은 가족이 필수다.

---

54) 옛날부터 그 사회에 전해 오는 생활 전반에 걸친 습관 따위 또는 그 시대의 유행과 습관 따위가 어떤 현상이나 상태로 바뀌거나 아주 익숙하게 되다.
55) 흔히 있는 일
56) 개떼. 한꺼번에 몰려다니는 무리를 비유적으로 이르는 말.
57) 매인 데도 없고 의지할 데도 없는 홀몸.
58) 의지할 데가 도무지 없음.

옆집

옆집, 조심스럽다 못해 두려울 정도로 조심스러운 게 옆집이다. 이런 마음을 버리고 살면, 내가 바로 그 옆집이다.

항상 이 마음을 유지하면, 지나온 세월처럼 앞으로도 지금의 온화를 유지할 게 분명하다. 얼마나 좋은 현상이냐. 조금씩 삼가고 벅찬 안녕을 유지하는 것, 어렵지 않다.

이사 와서 얼마 지나지 않아, 다시 이사 가야지 도저히 그냥 눌러살기 어려울 것 같았다. 고막이 나가도록 문짝을 닫고, 고함을 치듯 말하고, 현관 앞에 제집 차만 주차하기를 당연시하는 등등 견디기가 힘이 든다. 그러나 이내 마음을 바꾸어 어디 간들 별거 있겠나, 사람 사는 곳은 그게 그거지, 마음을 비우고 눌러살기로 했다

문소리며 사는 방식을 옆집과 반대로, 매사를 조심하고 살았다. 그리고 그게 습관이 되었다. 조용히 그리고 조심히 산다는 습관조차 모르고 사는데, 언제부턴가 옆집 사는 모습이 우리와 같았다.

모범, 참으로 절실한 거구나 느낀다.

그렇다, 맞서는 것보다 순리를 쫓는 게 오히려 편안하다.

수위 守衛[59]

나이 탓인지 잠이 없어 아침 일찍 일어난다.

이른 기상에 제일 먼저 베란다에 놓인 꽃들을 살피는데, 창 너머로 비질에 열중하는 수위가 보인다. 매일 느끼듯 '참 일찍이도 출근했다'는 생각이 스친다.

잊을만하면 어느 아파트에서 입주민들이 수위를 함부로 대하고, 어느 아파트에서는 욕설에 모욕을 주고, 또 어느 아파트에서는 수위가 심한 폭행을 당하고 입원했다는 뉴스를 전한다. 때로, 오랜 시간 지속된 모욕감과 절망감에 목숨을 끊었다는 뉴스까지 전해진다. 대다수 수위는 나이 들어 하는 이들이라 들을 때마다 가슴이 답답함을 느낀다.

나이 들어 일하는 모습은 대단하다 느껴지고, 나아가 존경스럽기까지 하다. 사람이 보는 눈은 거기서 거길 터인데, 그렇지 않은 사람도 있나 보다 싶으니 자못 씁쓸하다.

수위는 사람 사는 세상에 항상 안락하고 깨끗한 현상을 유지하여 없어서는 안 될 소중한 존재이다. 그들의 일터가 바로 나의 가정이기에, 여러 가정과 어우러져 살아가는 수위는 다름 아닌 가족이다. 가족은 사랑을 전제로 한다.

수위, 남이 아닌 가족으로 여기자!

---

59) 관청·회사·학교 등의 경비를 맡아봄. 또는 그런 일을 하는 사람. 경비원, 관리원의 옛 명칭.

친구親舊

"친구는 평생 하나 얻기 어려우니, 있으면 형제로 하라."

일곱 살 때부터 들어온 아버지 말씀이 평생 귓가에서 떠나질 아니한다. 살아갈수록 그 말씀이 와닿기 때문이다.

아버지께서는 무엇이 친구고 친구는 어떠해야 하는지 전해 내려오는 이야기를 들려주시며 깊이 생각하라 하셨다.

'너라면 목숨도 내놓겠다'고 버릇처럼 말하는 친구의 속내를 떠보려, 동수는 돼지털을 벗기고 가마니에 말아서 지게에 지고 달밤에 친구 집에 찾아갔다.

"친구야, 어떡하냐! 홧김에 사람을 죽여 이렇게 지고 왔는데, 어디 좀 숨겨주지 않겠느냐?"

친구는 목숨을 내놓기는커녕 정색한 얼굴로,
"그런 것은 네 손에서 끝냈어야지!"라며 단칼에 자르고 돌아섰다.

그렇다, 세상에는 친구들 천지인데 친구로 인하여 감탄하는 사람은 못 본 듯싶다.

사노라면, 진정 죽을 만치 절박한 때도 많고 이럴 때면 도움이 간곡하기 마련이다. 누군가의 도움으로 고비를 벗어나게 되었다면, 그 얼마나 다행이냐! 그리고 그 누군가가 친구라면 더욱이 말이다.

세상 살며 감탄할 만한 친구가 없다고 체념하는 건, 인간 세상에서 위험한 발상으로 해서는 아니 된다. 친구는 좋다는 상식만이라도 항상 남아있다면 그 또한 든든한 일이다.

그만큼 친구는 절실하고 소중하기 때문이다.

보은이 報恩이[60]

이곳저곳 구석진 골목길을 찾아 절뚝이며 돌아다니는 중간 정도 크기의 개가 언제부터인지 자주 눈에 띄었다.

녀석의 애잖은 눈빛이 계속해서 마음에 걸려, 어느 날 집으로 데려와 길렀다.

절뚝이는 기억밖에 없어 '절뚝이'라 불렀다.

정이 쌓이니, 절뚝이는 모습이 눈에 걸렸다. 혹여나 하는 마음에 동물병원 의사를 찾아가 사정사정한 끝에, 한 달 이상 치료를 받고 다리가 완치되어 정상으로 걷게 되었다.

절뚝이의 건강한 모습에 나도 덩달아 신이 났다.

그래도 여전히 절뚝이라 불렀다. 입에 붙어서.

그러던 어느 날, 내가 소개한 큰 건 하나가 성사되어 지인에게 소개비를 두둑하게 받았다. 기분이 좋아 소주 몇 잔을 하고 흥에 겨워 절뚝이를 데리고 뒷산을 올랐는데, 아이고~, 술 탓인지 넘어져 구르고 의식을 잃었다.

깨어났을 때, "안 죽고 산 게 천행이요."

의사 선생 목소리다.

60) 은혜를 갚음

개 한 마리가 현관문 밖에서 끙끙대어 열어보니, 전에 치료했던 개가 하는 행동이 보기에 심상찮다 싶어 따라와 보니 내가 머리가 깨져 피를 흘리며 쓰러져 있더란다.

절뚝이를 치료한 의사는 그 길로 사람들을 불러 나를 싣고 병원에 데려왔단다.

한동안 치료를 받고 퇴원하여 집에 돌아와 절뚝이를 보니, 다리를 절뚝이는 모습이 입에 붙어 내내 "절뚝아!" "절뚝아!" 하고 불렀는데, 세상에 이런 일이 있나 싶다.

며칠을 두고 궁리 끝에, 은혜를 갚은 기억이 나 보은이라 부르기로 했다.

"보은아!"
"보은아!"
"보은아!"

60여 년 전이어도 잊히지 않는 이름이다.
이토록 아름다운 이름이 또 있을까 싶다!

청춘青春

「새싹이 파랗게 돋아나는 봄철」이라는 뜻에서 느껴지듯, 듣기만 하여도 힘과 정열이 넘쳐 들뜨는 기분이다. 청춘은 아름답고 찬란한 그 무엇을 품고 있어 세상 존재하는 무엇과도 바꿀 수 없는 힘의 원천이다.

청춘은 덩어리로 존재하는 게 아니라, 푸른 봄의 의미처럼 흘러가는 세월 즉 시간을 내포하고 있다. 시간은 일 초도 멈추지 않고 지체하지 않으며, 쉼 없이 흐른다. 한순간도 멈추지 않는 시간처럼 - 청춘은 두고두고 함께하는 것이 아니라, 느끼는 순간 사라지는 것이다.

인생에서 가장 아름다운 시절이자 세상 무엇과도 바꿀 수 없는 청춘을 어떻게 써야 값어치 있을까 돌아보고 또 생각하며 누려야 한다. 지니고만 있어도 든든하나 어떻게 쓰느냐에 따라 그 값어치는 천차만별이다.

「Youth is wasted on the young.」[61]
청춘은 젊은이에게 주기에는 너무 아깝다.

61) 누군가 George Bernard Shaw에게 이 세상에서 가장 아름다운 것이 무엇이라고 생각하느냐는 물음에 "젊음은 이 세상에서 가장 아름다운 것입니다. 그리고 그것을 아이들에게 낭비해야 한다는 것이 얼마나 안타까운 일입니까!"라고 답했다고 전해지나 정확한 출처는 찾을 수 없다. George Bernard Shaw는 풍자의 묘미를 선보인 영국의 극작가로 1925년 노벨문학상을 수상했다.

누구에게나 주어진 것이라 하여 함부로 소모해서는 안 되는 것이 청춘이다.

머뭇거릴 여유가 없는 봄,
같은 봄은 다시 오지 않는 봄,
이 얼마나 절실한 봄,
청춘이더냐!

귀하게 여기며 아껴 쓰라.
상처 나지 않게, 후회하지 않도록 소중히 다루라!
죽기 전 다시는 느껴 볼 수 없는 청춘!
그야말로 보석같이 소중한 청춘이다.

술

'실수만 안 하면 한 잔씩 해도 괜찮다.' '한 잔 술은 건강에 유익하다'고들 하는데, 그건 애주가가 스스로 자신의 허약한 의지를 변명하는 말에 불과하다.

'술에 취하면 아비 어미도 알아보지 못한다'는 말이 있다.

경악하고도 남을 말이다. 이 세상의 모든 불찰은 대소 간에 90%가 술로 인해 발생한다 해도 과언이 아닐 것이다.

이 얼마나 두려운 경계 대상인가!

동서고금東西古今을 막론하고 술은 인간 세상에서 사람이 격格을 지키고 도리를 다하며 살아가는 데 있어 백해무익百害無益[62]한 무용無用[63]의 것이다.

'술 때문에, 이처럼 의로운 행동을 할 수 있었다.'

'술 때문에, 이처럼 용기 있는 행동을 할 수 있었다.'

'술 때문에, 행복하게 가정을 지킬 수 있었다.'

'술을 마셔서, 누군가의 생명을 구할 수 있었다.'

'술을 마셔서, 올바른 판단을 내릴 수 있었다.'

'술을 마신 덕분에, 실수하지 않을 수 있었다.'

…, …, …, …,…, …, …, …, …,…, …, …, …, …,…, …

---

62) 해롭기만 하고 이로운 것은 전혀 없음.

63) 쓸모가 없음.

아흔에 이른 지금까지, 전 세계를 통틀어 '술을 마셔서' 정의롭고 올바르며, 그릇된 판단을 하지 않고 용기 있는 행동을 '했다' 또는 '할 수 있었다'라는 말이나 행동하는 이를 단 한 명도 본 적 없고 풍문으로조차 들어본 적 없다.

'술을 마셔서, 사람을 때렸는지 기억이 안 난다.'
'술을 마셔서, 사람을 죽였는지 기억이 없다.'
'술을 마셔서, 성폭행을 했는지 기억이 안 난다.'
'술을 마셔서, 사고가 났는지 몰랐다."
'술 때문에, 제정신이 아니었다.'
'술 때문에, … 기억이 안 난다.'
'술 때문에, … 기억이 없다.'
'술을 마셔서, …모른다.'
'내가 …한 것은 술 때문이지, 일부러 한 것이 아니다.'
…, …, …, …,…, …, …, …, …, …, …, …,…, …, …, …

술을 마시고 도로 한복판에 쓰러져 차에 치여 사망하거나 중상을 입어 억울한 가해자를 만들고, 술기운에 취해 몸을 가누지 못하고 물에 빠져 죽거나 옥상이나 계단에서 추락하여 죽기도 한다. 심지어 살인 행위라 지탄받는 음주운전으로 실제로 살인을 범하기도 한다.

술을 마시지 않았다면 하지 않았을 행위이고 일어나지 않았을 결과이나, 술을 마셨기에 그릇된 판단으로 잘못된 행동을 저지르고 어처구니없는 불행한 결말을 초래한다.

이처럼 술에 취해 예기치 않은 불상사를 당하는 것 이전에, 지속적 음주는 무엇보다 자신의 건강을 해치는 자해自害 행위와 다름없다. 그리고 그 끝은 오로지 한없는 후회와 파탄뿐이다. 사회와 타인과 자신까지 파탄과 파멸로 떨어뜨린 이들의 공통된 말은 하나같이 '술을 마셔서' 또는 '술 때문에'다.

술을 마신 것도 잘못된 행동을 저지른 것도 자신이건만, 모든 잘못의 원인을 '술' 탓으로 돌린다. 마치 술이 잘못한 것처럼 말이다.

그렇다. 술은 잘못된 것이고 그 잘못된 술을 마신 것은 잘못된 자신이다.

술을 마시면 스스로 신체와 의식을 조절하고 통제하지 못해 예측할 수 없는 사고를 당하거나 범죄의 대상이 되기도 하고 나아가 범죄자가 되기도 한다. 술에 취해 일어난 이 같은 행동의 결말은 자신뿐만 아니라 가족이나 모르는 이들의 삶까지 끝없는 고통과 돌이킬 수 없는 절망에 이르게 하는 용서받지 못할 행위이다.

더 나아가 '소주 한 잔의 쓴맛도 모르고서 어찌 인생을 아느냐!'는 괴상한 주장을 스스럼없이 내뱉으며 술을 강권하는 이들도 있는데, 참으로 어리석고 세상 가벼이 살아가는 이들의 헛소리에 불과하다.

길고 긴 시간과 높고 깊은 굴곡을 겪으며 한 걸음 한 걸음 나아가며 깨달아가는 삶이 어찌 술 한 잔의 쓴맛으로 이해되고 위로받을 수 있는 값싼 것일까? 세상은, 인생은 그리 가볍고 간단한 것이 아니기에 고작 술 한잔으로, 술의 쓴맛으로 알 수 있지도 않거니와 이해될 수도 없다.

지구상에 존재하는 무수한 생명체들에게 매일 매 순간 끊임없이 일어나고 이 순간에도 진행 중인 전쟁, 테러, 범죄, 사건 사고, 그리고 자연재해 등 끔찍하고 두려운 세상을 진지하게 들여다보라!

지금 당장 나에게 일어난 일이 아니기에 웃고 떠드는 여유를 부리며 일상을 즐기는 것은 소소한 행복이고 축복이라 할 수 있다. 이러한 일상의 행복에 감사하며 매사 진중히 행동하지 않고, 술에 취해 자신을 가누지도 못하면서 인생을 운운하며 술을 탐하고 예찬하는 것이야말로 어리석은 인간의 허상虛像[64]이 아니겠는가!

우리 사회에는 술, 담배, 도박, 이성을 비롯해 사방이 유혹천지다. 이 많은 유혹의 대상 중에 술만큼 유해하고 위험한 대상은 없다. 무한이라고 해도 과언이 아니다.

일상으로 발생하는 허탈하고 비참한 뉴스를 접할 때마다 절망과 안타까움 나아가 분노가 끊이지 않는 현실은 바로 '술'이 지닌 해악 때문이다.

금주禁酒의 인내심을 발휘하여 가까이는 자신의 건강과 안전을 지키고, 나아가 가정과 사회의 굳건하고 건전한 일원이 되어야 한다. 복잡다단한 세상에 항상 깨어있는 지성으로 흔들림 없이 살아가는 인격체가 되도록 노력하자.

64) 실제 없는 것이 있는 것처럼 나타나 보이거나 실제와는 다른 것으로 드러나 보이는 모습.

철[65]

인간에게 있어 철이 들고 아니 들고는 심각한 문제다.

매사에 '나만 ~한다' 또는 '나만이 ~할 수 있다'하는 이기적이고 자기중심적 사람, 세상 물정 모르고 오직 자기 편한 대로 제멋대로 행동하는 독단적인 사람, 옳고 그름을 제대로 분간하지 못하여 그릇된 행동을 반복하는 사람을 보면, 철이 없어 그렇다고 생각하기 마련이다.

"너는 언제 철들래?"
"제발, 철 좀 들어라."
"철딱서니[66] 없는 것!"
"아직도 철부지철不知[67] 같다!"
"철들려면 멀었다!"

가족, 친구, 동료, 사적 또는 공적 관계에서 이런 말이 자주 나온다면, 아직 철이 없어 사방팔방 사고뭉치로 주변의 걱정이 끊일 날이 없는 사람이다. 사고뭉치는 늘 사고나 말썽을 일으키기에 나이에 상관없이 제대로 대우받을 수 없다.

그저 골칫덩이 취급을 받게 마련이다.

---

65) 사리를 분별할 줄 아는 힘.
66) '철'을 속되게 이르는 말.
67) ① 철없는 어린아이. ② 철없어 보이는 어리석은 사람.

성인이 되어서도 철이 없어 부모의 애를 태우는 이가 있는가 하면, 어린아이가 철든 행동으로 주위 사람들을 놀라게 하기도 한다. 그래서 철이 드는 시기는 '언제다'라고 따로 정해져 있지 않다. 어린 나이에서부터 늙어서까지 언제고 철이 들 수도 있고 끝내 철이 없어 망나니[68]처럼 살다 갈 수도 있다.

「용 될 고기는 모이 철부터 안다」[69]는 말도 이 때문이다.

즉, 태어나면 누구나 시간의 흐름에 따라 자연스레 철드는 것이 아니다. '크면 철들겠지!'라든가 '차차 철들겠지!'하고 마냥 기다리다간 본인뿐만 아니라 소중한 가족과 주위 사람들을 넘어서 사회와 국가에 이르기까지 큰 해악을 미치기도 한다.

어려 철이 없는 것도 걱정인데, 하물며 성인이 되어서도 철이 들지 않으면 온전히 독립된 사회구성원으로서 주체적 삶을 살아가기 어렵다.

철이 들려면, 가정과 학교와 사회의 일관되고 체계적인 교육이 필요하고 다양하고 깊이 있는 경험을 지속하여 쌓아야 한다. 철은 경험을 바탕으로 발전하나, 교육의 도움을 받아 더욱 향상하기 때문이다.

---

68) 언동이 몹시 막된 사람을 비난조로 이르는 말.
69) 잘될 사람은 어려서부터 남달리 장래성이 엿보인다는 말.

철이 들면 매사를 도리에 맞게 처리하는 지혜로운 능력이 있으나, 반대로 철이 없으면 매사를 분별없이 처리하여 혼란을 초래한다. 중차대한 일을 분별없이 처리하여 다시 해야 한다면, 그리고 그것이 국가 대사라면 그 결과는 단순한 혼란을 넘어서게 된다.

철듦은 사회생활의 절대적 요소이기에 선택이 아닌 필수다. 고로 철이 발상하는 어린 시절부터 고정된 학문적 지식을 넘어서 시시각각 변화하는 사회적 지식과 숭고한 도덕적 지식을 골고루 배우고 익히며, 배우고 익힌 것에서 나아가 향상하려는 노력에 노력을 거듭해야 한다.

철은 인간을 성숙한 인격으로 발전시키는 요소인 만큼, 부모는 자녀가 어려서부터 '철'을 더욱 살찌우고 숙성시킬 수 있도록 교육하기에 최선을 다하고 모범이 보여 올바른 역할을 해야 한다.

관심關心

관심은 좋고 나쁜 면이 상호 연관되어 공존한다. 좋은 면에서는 즐겁고 행복한 현상이나, 부정적 면에서는 경계와 공포의 대상이다.

연예인의 경우 대중의 관심은 꼭 필요한 것이다. 많은 관심을 받아 인기가 높아지면, 부와 명성을 한꺼번에 이루게 되어 선망의 대상이 된다. 그러나 그 관심이 지나쳐 부정적인 방향으로 흐르면, 일상적인 것조차 관찰과 감시의 대상이 되어 숨쉬기 어려운 속박을 느끼고 때로 범죄의 표적이 되기도 한다.

연예인이나 유명인이 아닐지라도 평범한 이들 또한 관심의 대상에서 벗어나지 못한다. 누군가로부터 관심의 대상이 되어 '관심'이라 포장된 나쁜 면이 발동하면, 회복하기 어려울 정도의 육체적 정신적 피해를 받아 삶이 파괴되는 지경에 이르기도 한다.

나쁜 면으로 관심을 보이는 이가 많으면 많을수록, 또 그 관심의 정도가 깊으면 깊을수록 일상사의 처리가 지연되고 흐트러져 세상살이가 힘이 들기 마련이다. 이러한 관심은 내 의지가 아닌 타자의 감정이기에 스스로 벗어나기 어려워 무기력해지고, 감정에 폭력이라는 행동이 더해지면 극심한 두려움에 떨다 우울감에 고통을 겪는다.

대개 '관심'하면 스쳐 가는 일상으로 내치고 지나치는데, 이전과 달리 변화한 세상에서는 안일한 생각이다. '그때 좀 더 신경 쓰지 않고 무심이 지나쳤을까!' 후회할 때는 이미 늦었기 때문이다.

'내가 열심히 잘하고 살면 안심이다' 한다면, 그 또한 자신만의 생각이다. 주위에는 억수에 이르는 사람의 눈과 생각이 '관심'이라는 좋고 나쁜 두 개의 얼굴로 수시로 쉬지 않고 나를 둘러싸고 있음을 알아야 한다.

인간으로 태어난 이상, 매 순간 인간사회에 묶기며 살아가야 한다. 누가 묶이라고 한 것도 아닌데 묶이어질 수밖에 없다.

살아가는 것 자체도 때로 비좁아 답답한데, 관심거리마저 뒤집어쓰고 살아야 하는 것이 인간의 숙명이다.

어쩌랴! 인간 세상은 원래 숨 막히도록 얽히고 묶이도록 정해져 있는 것을!

인간은 기계가 아니라 동물이고, 동물의 '관심'이라는 감정은 독특하고 예민하며, 때때로 불안정하여 일정한 양식이 없다.

좋고 나쁜 양면을 고루 살피어 적절하고 신중하게 다루어 대처해야 함이다.

멋

「멋 - 차림새, 행동, 됨됨이 따위가 세련되고 아름다움 또는 고상한 품격이나 운치」라는 사전적 정의를 보면, 멋은 외향적 형태와 내적인 가치가 각각 또는 함께 자리하는 복합적 감각과 관념이라 할 수 있다.

그러나 사전에 이러쿵저러쿵 늘어놓은 건 그저 통념에 불과하고, 실제 생활에서 느끼게 되는 멋은 사람의 머릿속에 있다.

값비싼 명품으로 차려입었어도 우스꽝스럽기 그지없거나 심지어는 촌스럽고 경박해 보이는 이가 있는가 하면, 겉보기에 허름하고 꾸밈이 없어 보이는데도 예스럽고 풍치風致[70)]있어 보이는 이도 있다.

이는 사람마다 지닌 기준이 다르고 취향의 차이 때문이기도 하겠으나, 멋이란 차림새뿐만 아니라 행동거지와 어울려 발상發想하기에 그러하다.

멋은 시각적으로 드러나는 차림새와 행동거지뿐만 아니라 때로 마음을 울리는 감동적인 말주변 하나로도 충분할 때가 있다. 말하는 태도, 사용하는 어휘, 억양과 이야기 내용으로 세상에 두각을 보이는 경우를 보면, 진정한 멋쟁이는 바로 이런 내공內功[71)]을 지닌 사람인 것만 같다.

---

70) ① 훌륭하고 멋진 경치.
② 격에 맞는 멋.
71) ① 오랜 기간 무예 따위를 숙련해서 다져진 힘과 기운.

참된 멋은 내적인 품격과 심미감審美感[72]을 갖추었을 때 드러나는 것으로 오랜 시간에 걸쳐 힘들여야 이루어지는 것이 분명하다. 단순히 시간과 돈을 들여 공들이는 것만으로는 제아무리 용을 써도 갖추기 어려운 것이 진정한 멋이다.

화장대 앞에서 이것저것 바르고 토닥이며, 고가품이나 사치품으로 치장하는 이의 멋은 가볍고 찰나의 것이라 새로운 물질 앞에 빛이 바래고 시간이 지나면 금세 사라지는 허상의 것이다.

깨끗하고 단정한 옷차림은 예의의 기본으로 장소와 상황에 따라 개성을 다듬을 줄 알아야 멋이 깃든다. 더불어 당당하고 자신감 있는 자세와 일관되고 신뢰할 수 있는 신념과 가치를 지닌 사람은 언제 어디서고 멋쟁이라 아니할 수 없을 것이다.

제대로 갖추어진 멋 앞에서는 은근히 존경심마저 들게 된다. 바로 이런 마음을 불러일으키는 이가 진정한 멋쟁이다.

진정한 멋쟁이. 참으로 부러운 대상이다. 그러나 바글바글한 이 세상에 어우러져 살면서 이러한 멋쟁이를 풍문으로는 간혹 들어본 적 있으나 본 적은 드물어 참으로 씁쓸하다.

---

② 오랜 기간의 경험을 통해 쌓은 능력.
72) 아름다움의 본질을 추구하는 느낌.

질서秩序

질서는 공동생활을 영위하는 모든 형태의 인간 집단, 즉 사회가 형성된 곳 어디에서나 필수적으로 작용하는 양식이다. 질서야말로 인간이 인간일 수 있는 고차원적 행동 방식으로, 인간만큼 질서가 필수불가결必須不可缺[73]한 집단은 없다.

물론 동물의 세계에도 각기 엄격한 질서가 있다. 그러나 인간과 동물의 질서는 그 특성에 분명한 차이가 있다.

동물 세계의 질서는 약육강식弱肉強食의 원리에 의해 작동되는 특징을 지닌다.

먹이를 먹는 순서는 강한 힘을 가진 우두머리나 수컷이 먼저 먹고 나서야 암컷이나 힘이 약한 어린 개체가 차례로 먹을 수 있다. 이러한 질서는 결코 개체 간에 평등이나 상대에 따라 배려하는 특수성이 일절 존재하지 않는다. 강한 자가 약한 자를 희생시켜서 번영하거나, 약한 자가 강한 자에게 멸망되는 방식도 마다하지 않는다.

인간사회의 질서는 이와는 상반된 성질의 것이다. 순서, 순번, 차례, 절차, 규율 등 질서와 관련된 형식에 있어 연령, 성별, 재물, 지위고하 등 그 무엇도 상관없이 누구나, 어디서나, 언제나 지키고 따라야 하는 평등한 가치를 지닌다.

73) 꼭 있어야 하며 없어서는 안 될 만큼 중요한 것.

동시에 때로는 특정인의 연령, 성별, 신체적 특성 등 사회적 요인에 따라 기존의 질서를 따르지 않고 지키지 않아도, 암묵적으로 수긍하고 동의하는 이율배반적 상황도 종종 발생한다.

어린이, 노약자, 임산부 등을 보면 자리나 순서를 양보하는 행위는 인간만이 지닌 또 다른 유형의 질서라 할 수 있다. 구급차, 소방차, 순찰차의 사이렌을 들으면 길을 터주는 규율規律[74] 또한 질서의 다른 형태라 할 수 있다.

질서는 사회구성원들 간에 혼란을 줄이고 순조롭게 조직이 운영되도록 뒷받침하는 역할을 한다. 가족, 마을, 조합, 학교, 교회, 절, 정당, 회사, 군대, 국가 등 모든 형태의 공동체에는 나름의 질서가 있고 독특하거나 특화된 이질적인 유형의 질서도 존재한다.

사람은 본래 천태만상千態萬象[75]이라, 언뜻 겉으로 보기에는 얽히고설켜서 무질서해 보이지만 여러 가지 요인이 성문법成文法[76]과 관습법慣習法[77]의 형태로 규제하여 질서를 유지한다.

---

74) 질서나 제도를 유지하기 위하여 정하여 놓은, 행동의 준칙이 되는 본보기.
75) 천 가지 모습과 만 가지 형상이라는 뜻으로, 세상 사물이 한결같지 아니하고 각각 모습 · 모양이 다름을 이르는 말.
76) 문자로 적어 표현하고, 문서의 형식을 갖춘 법. 제정법 따위이다.
77) 사회생활에서 습관이나 관행이 굳어져서 법의 효력을 갖게 된 것. 사회 질서와 선량한 풍속의 변하지 않는 관습이 단순한 예의적 또는 도덕적인 규범으로서 지켜질 뿐만 아니라, 사회의 법적 확신 또는 법적 인식을 수반하여 법의 차원으로 굳어진 것을 이른다.

독특하고 유별난 개성을 지닌 개개인들이 촘촘히 마주하며 생활하는 이 사회가 유지되기 위해서는 한 사람의 예외 없이 질서를 존중하고 지켜야 가능한 일이다.

개인의 자유와 사회의 질서는 양립하기 어려울 때가 종종 있으나, 누구 하나라도 합리적 이유 없이 질서를 존중하지 않고 파기한다면, 우리 사회는 얼마 지나지 않아 눈은 뜨고 있어도 앞을 보지 못하는 암흑사회가 되어 버릴 것이다.

공공질서, 사회 질서, 시장 질서, 경제 질서, 정치 질서, 법질서, 헌정질서, 국제질서, 생태계 질서, 자연 질서, 우주 질서 등등 인간을 넘어 모든 시공간에 질서가 존재하는 이유는 바로 이 때문이다.

때로 우리 사회는 일부 고위 공직자들, 재벌과 그 자제들, 특권 의식에 빠진 고용주들 그리고 저급한 자기중심적 행동을 일삼는 이들에 의하여 기본 질서가 깨지고 평등한 가치가 훼손되는 일들로 분노하고 좌절하게 된다.

이러한 일들이 변화 없이 반복되고 처벌 없이 지속되면, 사회 기강이 무너져 공동체는 혼란하고 혼탁한 무법천지로 돌변하기 마련이다.

누구에게나 예외 없이 적용되는 질서가 굳건하고 그 가치가 지켜진다면 인간사회는 무너지거나 소멸하지 않는다.

그리고 이 질서는 호리毫釐[78]의 흠도 있어서는 안 된다.

호리 만한 흠이라도 있게 되다면, 이리저리 어찌하여도 넘어가지 못하고 어느 순간 속절없이 와해 될 위기에 처할 수밖에 없다.

인간을 인간으로 완성 시키는 질서 - 그 단순한 질서를 벗어나면 겉만 인간이지 내면은 이미 동물일 것이다.

나부터 솔선수범한다는 자세와 노력으로 질서를 지키고 한없이 존중한다면 바로 그 자리에서부터 공동체는 안정되고 행복이 함께 자리할 것임이 분명하다.

내면에서 우러난 참여와 높은 도덕성으로 무장 되었을 때 가능한 일이리라!

78) 자나 저울눈의 호(毫)와 이(釐). 매우 적은 분량을 비유적으로 이르는 말.

의인義人[79] 그리고 영웅英雄[80]

이천의 한 투석전문병원 화재[81]로 인해 환자와 간호사 등 5명이 사망하고 42명이 부상을 입었다 한다. 내부에 있던 환자 4명과 간호사 1명은 미처 대피하지 못해 숨졌단다.

투석 중이던 환자들은 거동이 어려워 빠져나오지 못했다 하더라도 간호사는 사지가 멀쩡한 이인데, 끝까지 남아 투석 환자들의 대피를 돕다가 사망한 것으로 전해진다.

참으로 끔찍하고 너무도 안타까워 가슴이 아린다.

화재는 존재하는 모든 것을 소멸시키는 재앙으로, 동서고금東西古今을 막론하고 인간의 두려움과 공포심을 일깨우는 경계 대상이다. '불'이 입히는 물질적 피해 때문에 그러하기도 하지만 '불' 자체가 주는 본능적 두려움과 공포심은 이성을 마비시켜 일반적 행동조차 제약이 따른다.

그러한 극도의 공포와 두려움이 가득한 화재 현장에서, 자신을 먼저 돌보지 않고 끝까지 환자들 곁을 지키며 본연의 임무를 넘어서 안타깝게 세상을 떠난 고故 현은경 간호사를 생각하니 가슴이 뻐근하고 눈물이 난다.

---

79) 의로운 사람.
80) 지혜와 재능이 뛰어나고 용맹하여 보통 사람이 하기 어려운 일을 해내는 사람
81) 2022년 8월 5일 오전 10시 17분, 경기도 이천시 관고동의 한 투석전문병원에서 일어난 화재 사건.

나도 그럴 수 있을까? 닥쳐보지 않아 모르겠으나, 그 간호사는 엄청난 자비의 소유자임을 의심할 여지가 없다.

매일 쉬지 않고 빠짐없이 세상사와 인간사를 전하는 뉴스를 듣고 신문을 읽다 보면, 세상에는 그냥 그런 사람만 사는 거 같아도 그 가운데 이런 천사가 있다는 것이 살 가치가 있는 세상임을 증명해 주는 것 같아 못내 흐뭇하다.

2016년 9월 어느 새벽, 서울 마포구 서교동 5층짜리 빌라에서 동거녀의 이별 통보에 격분한 20대 남성이 저지른 방화는 수많은 무고한 인명을 앗아갈 뻔했으나 '초인종 의인' 고故 안치범 씨의 희생으로 빌라에 사는 20가구 주민들은 모두 목숨을 건졌다.

빌라 4층에 살던 의인은 아래층에서 화재가 난 것을 감지하자마자 119에 신고를 하고 본능적으로 건물 밖으로 탈출했으나, 곧 연기가 자욱한 건물로 다시 뛰어들어 뜨거운 불길을 헤치고 층층 마다 문을 두드리고 초인종을 누르며 주민들을 깨워 대피시켰다. 그는 불길이 치솟는 건물 안을 들어갔다 나오길 세 번이나 반복했단다.

하지만 정작 의인 자신은 불길을 빠져나오지 못하고 의식을 잃은 상태로 옥상 문 앞에 쓰러진 채 발견되었다. 이후 열흘간 사경을 헤매다 그해 9월 20일 끝내 세상을 떠났다.

안 씨의 아버지는 2016년 연말 인사를 통해 먼저 간 아들에게 이렇게 전했다고 한다.

"치범아, 한 몸 가는데 장한 일 했다. 많은 사람이 널 잊지 않고 있어. 이제는 다 내려놓고, 마음 편하게 잘 살아라. 조금만 기다리면 나도 곧 너를 만나러 갈 테니."[82]

이기주의가 만연한 오늘날의 대한민국에 경종을 울린 참된 영웅의 고귀한 희생은 쉼 없이 심금을 울려 여전히 우리 사회와 함께 살아 숨 쉬고 있다고 느낀다.

2022년 6월, 가족여행을 위해 찾은 해수욕장에서 한 외국인 관광객이 튜브가 뒤집혀 바다에 빠지는 사고를 목격하자, 즉시 맨몸으로 헤엄쳐 구조하고 아내가 심폐소생술을 시행하여 생명을 구한 부부 소방관.

2022년 7월, 울주군의 한 아파트 단지에서 목줄이 풀린 채 돌아다니던 개에게 2분 넘게 물려 발버둥치다 의식을 잃은 8세 아이를 발견하자, 배송 카트를 이용해 개를 쫓아내고 이후 개를 추적해 포획까지 도움을 주어 추가 인명 피해를 예방한 택배기사.

82) 최지연 기자. 동아일보. 2016. 12. 29

2022년 8월, 자신이 사는 아파트 단지에 있는 헬스장에서 운동하다가 의식을 잃고 쓰러진 50대를 눈물범벅이 되어가며 심폐소생술로 생명을 구한 성남고 2학년생.

2022년 8월, 수도권을 강타한 기록적인 폭우로 곳곳이 큰 타격을 받은 강남역과 의정부시에서 배수관 쓰레기를 맨손으로 치운 '강남역 슈퍼맨'과 '의정부 슈퍼맨', 강남에서 빗물에 고립된 운전자를 구하고 사라진 국방부 소속 공무원, "조금만 버티라"며 반지하 고립 남성을 구해낸 신림동 주민들, 방범창을 뜯고 반지하 80대 부부를 구한 중국 동포, 새벽에 안내 방송을 듣고 산사태를 막기 위해 밖으로 나와 힘을 모은 경기도 의왕시 주민들.

폭우 속 '시민 영웅'들의 일화는 훈훈함을 더해 인류애를 보여준 의로움으로 깊은 감동을 자아낸다. 이들 말고도 자세히 언급하지 못한 숨은 영웅들이 수없이 많을 것이다.

혼란하고 각박하고 어지러운 세상이라 한탄하는 우리 생활 곳곳에 이처럼 의인과 영웅들이 함께하고 있음을 알기에, 오늘도 지구는 돌아가고 세상은 살만하다 말 할 수 있어 참으로 행복하고 더불어 감사하다.

슬퍼서 속상하고, 어이없어 화가 나고, 추잡하고 더러워 분노하는 뉴스와 기사의 홍수 속에서 살다 보니, 진정 단 하루만이라도 '오늘은 아무런 일도 일어나지 않았습니다.'라는 뉴스캐스터news caster의 보도를 듣고 싶은 마음이 간절하다.

성서에서 말하길, 소돔성은 의인義人 열 명이 없어서 멸망했다고 한다. 다른 말로 어느 나라든 어느 사회이든 의인이 열 명만 있으면 절대 안 망한다고 할 수 있으리라.

그 누군가가 아닌 내가 그 열 명 중에서 한 명이 될 수 있을까!

혼탁하고 어지럽기 그지없는 현실에서, 의로움과 용기의 가치를 눈으로 보여 준 수많은 의인과 영웅들에 절로 마음이 경건해진다.

속물(俗物[83])

속물, 깊이 살피지 아니하고 집히는 대로 욕망에 집착하여 본심을 숨긴 체 가면을 쓰고 살아가는 사람이다.

바쁜 세상에 매사 세세히 살펴 산다는 것, 물질 만능 세상에 욕심을 비운다는 것, 있는 그대로 자신을 보고 또한 보여준다는 것 - 결코 쉬운 일도 아닐뿐더러 현대인 누구도 온전히 그리 살진 못한다.

인간은 성인聖人이 아니고 모두 군자君子이지 못하기에. 그래도 적당히 살펴 사는 것, 조금이나마 욕심을 비우려 때때로 애쓰는 것, 자신의 본성을 알려 가끔은 스스로 뒤돌아보는 것 그리고 선한 상대에게만이라도 마음을 열어 가식 없이 행동하려 노력하는 것이 마땅하다.

사람 아닌 동물은 규칙도 법칙도 도덕도 없으나 가식이 없어 속물도 없다.

동물 세계는 단독으로 사냥하며 생활하는 종이나 무리를 지어 집단으로 살아가는 종이건 간에 생존 본능에 따라 움직이고 종족 번식種族繁殖을 목표로 치열한 생존 경쟁을 하며, 약육강식弱肉强食의 원리에 의해 순환하기 때문에 가식적일 필요가 없고 속물근성이 있을 여지가 없다.

---

83) ① 속된 물건. ② 교양이 없거나 식견이 좁고 세속적인 일에만 급급한 사람.

때때로, 함께 생활하는 주인을 위해 또는 새끼의 생존과 번식을 위해 인간 세상에서 볼 수 있는 것보다 더한 희생적 행동으로 심금을 울려 깨달음을 주기도 하지만, 이 또한 이해타산利害打算이 없는 충성심과 본능에 의한 것으로 사람의 사회적 욕망과도 거리가 멀다.

이와 달리, 인간은 본시 사회적 동물[84]이다.

태어나는 그 순간부터 사회의 구성원이 되어 함께 어울려 살아가기에 그 사회를 유지하기 위한 규칙을 따라야 한다.

이러한 규칙은 명문화明文化되어 구체적으로 설명되기도 하고 불문율不文律[85]처럼 보이지 않아도 암묵적으로 지켜야 할 것으로 존재한다. 유형의 또는 무형의 규칙을 따르지 아니하고 자신만의 생각과 욕망에만 충실하며, 주변 사람들을 비교와 경쟁의 대상으로 인식하여 속마음을 감추고 가면을 쓴 채 살아가면 속물이 되는 것이다.

속물은 규칙이 없어 거칠고 일관적이지 못하여 인간의 대열에서 빗어나게 된다.

---

84) 개인이 독립적으로 존재하는 것이 아니라 타인과 끊임없이 관계를 맺으며 존재한다는 입장에서 인간을 이르는 말.

85) 문서의 형식을 갖추지 않은 법. 관습법이나 판례법 따위. 사람들 사이에서 암묵적으로 지켜지고 있는 규칙.

인간의 대열에서 벗어난 삶은 생활이 아니라 방황이다.

방황, 듣기에 낭만적으로 들릴지 몰라도 사실 엉망진창에 이르렀다는 말이다.

사람으로 태어나 진심으로 살지 않고 속물로 산다면 그야말로 부끄러워할 일이다. 이러한 속물이 되지 않기 위해 어려서부터 배움에 전심전력을 기울이고 끊임없이 자신과 사회와 세상을 넓고 깊게 살펴보는 처절한 노력이 필요하다.

말과 행동을 함에 있어 신중 또 신중하되, 사람과 세상을 대하는 태도에 있어 따뜻한 시선을 잊지 말라.

경찰警察

일상의 안위에 가장 가까운 경찰, 그러면서도 불신에 거부감을 느끼거나 두려움마저 느껴지는 경찰은 한국 사회에 지속되고 방치되어 온 문제들의 단면이다.

오랜 세월이 지나도록 외면하고 미루어 왔으나 더는 방치해선 안 된다.

경찰은 예측 불가능한 위험이 일상생활 곳곳에 도사리고 있는 현대사회에서 가장 빠르게 도움을 청할 수 있는 대상으로 없어서는 안 되는 존재이기 때문이다.

경찰이 무섭다는 건, 오래전 땅에 달 듯 말 듯 긴 장도칼을 차고 마구 행패와 악행을 일삼던 일본 정치 때 경찰을 두고 하는 말이다. 지금은 경찰을 무서워하기보다 불신하거나 얕잡아보는 경향이 심각한 문제이다.

민주화운동 시절 이전부터 현재에 이르기까지 끊임없이 이어오고 진행 중인 사건들에서 알 수 있듯, 경찰의 탈법과 범법 행위뿐만 아니라 본연의 임무를 망각한 행태에 기인한다.

경찰 스스로 본연의 임무를 망각하여 범죄를 저지르거나 해야 할 임무를 소홀히 할 때, 그 피해는 고스란히 사회구성원의 몫으로 돌아온다. 또한 공권력의 일탈이므로 일반 범죄의 후유증에 비할 바가 아닐 만큼 처참하다.

이는 '박종철 고문치사 사건'[86], '익산 약촌오거리 택시기사 살인사건'[87] 그리고 '인천 층간소음 살인미수 사건'[88] 등에서 경찰의 그릇된 행위가 불러온 결과를 통해 알 수 있다.

경찰은 우리 사회의 파수꾼把守꾼[89]이다.

파수꾼 하면 엄한 감시자 같은 인상을 주지만 실은 보호자란 사실이 훨씬 강하며, 사실 보호가 전부다. 경찰 스스로 이를 엄중히 여겨야 함은 당연지사다. 경찰이 경찰이라는 업을 그저 호구지책 삼아 한다면 이는 올바른 자세가 아니며 반드시 고쳐야 할 일이다. 법률[90]이 정한 그들의 임무가 이를 온전히 설명하고 있지 않은가!

경찰의 단면만 보지 않고 목적에 중점을 두고 보면 국민의 보호와 그에 대한 협조가 전부다. 이는 경찰뿐만 아니라 시민사회 모두에게 각자의 책무가 있음을 의미한다.

---

86) 1987년 1월 14일, 서울대학교 인문대학 언어학과 3학년 학생 박종철이 경찰에게 연행되어 남영동 대공분실에서 각종 고문을 받다 사망한 사건으로, 6.10 민주 항쟁의 도화선이 된 사건이다.

87) 2000년 8월 10일, 전라북도 익산시에서 발생한 살인사건으로, 엉뚱한 사람을 강압수사하여 허위자백을 받아내 무고하게 옥고를 치르게 한 사건

88) 2021. 11. 15, 인천시 남동구 한 빌라에서 발생한 살인미수 사건. 현장에 두 명의 경찰관이 출동했다가 가해자가 흉기를 휘둘러 피해자들이 위중한 상태에 처한 상황을 목격하고도 현장을 이탈하는 등 부실 대응으로 도마에 오른 사건.

89) ① 경계하여 지키는 일을 하는 사람.

② 어떤 일을 한눈팔지 아니하고 성실하게 하는 사람을 비유적으로 이르는 말.

90) 90) 국가경찰과 자치경찰의 조직 및 운영에 관한 법률 [시행 2021. 7. 1.] [법률 제17990호, 2021. 3. 30

우리 사회에 경찰이 없다고 상상해 보자!

이내 치부置簿[91]마저 할 수 없을 만치 끔찍한 사회상이 떠오른다. 세상에는 도적 떼가 창궐하고 불량배 천지로 집 밖에 나가면 부어터진 흉물들이 진을 치고도 남으리라.

그만큼 경찰은 우리 사회의 버팀목이다.

날이 밝으면 불안한 생각 없이 일어나 평온히 그날의 소임에 임하는 우리들의 넉넉하고 평화로운 풍경은 그 누가 바탕한 것이겠나?

경찰이 있어 가능한 풍경이다.

경찰은 「국민의 생명 · 신체 및 재산의 보호, 범죄의 예방 · 진압 및 수사, 범죄피해자 보호, 경비 · 요인경호 및 대간첩、대테러 작전 수행, 공공안녕에 대한 위험의 예방과 대응을 위한 정보의 수집 · 작성 및 배포, 교통의 단속과 위해의 방지, 외국 정부기관 및 국제기구와의 국제협력, 그 밖에 공공의 안녕과 질서유지」[92]에 한치의 소홀함도 있어서는 아니 된다.

파수꾼 - 경찰의 임무이고 의무이기 때문이다.

---

91) 마음속으로 그러하다고 보거나 여기다.

92) 국가경찰과 자치경찰의 조직 및 운영에 관한 법률 [시행 2021. 7. 1.] [법률 제17990호, 2021. 3. 30.

울[93]

서울 한복판인데 목탁 소리가 난다.

현관문을 열어보니, 남자 스님인지 여자 스님인지 모르겠으나 스님 한 분이 목탁을 치며 서 있다.

바랑에 만 원짜리 한 장을 넣어주었다.

스님이 돌아간 뒤, 그의 입장이 번득 떠오른다.

처자식도 없는 생활을 택한 스님, 제각기 이유야 있겠지만 안타깝다 못해 측은하기도 하다.

스님들이야 그렇게 생각했다면 처음부터 하지도 안 했겠지만, 바라보는 내 입장은 그렇다.

수도修道[94] 처럼 거룩한 건 없다는 걸 알면서도, 그만큼 어렵고 훌륭하다는 반사적인 상념일 것이다.

어찌됐든 수도는 고뇌의 반복, 바로 그것이니 존경받아 마땅하다 할 것이다.

불교에서는 수도를 삼도三道[95]의 둘째 단계로, 감정이나 의지로부터 일어나는 온갖 번뇌의 속박을 벗어나려고 되풀이해서 수행하는 단계라 한다.

---

93) 풀이나 나무 따위를 얽거나 엮어서 담 대신에 경계를 지어 막는 물건. 울타리.

94) 도를 닦음.

95) 성문이나 보살이 수행하는 세 단계 과정. 견도(見道), 수도(修道), 무학도(無學道)이다.

그러나 사람이라면 누구나 태어나서 죽을 때까지 수레바퀴 돌 듯 감정이나 의지로부터 일어나는 온갖 번뇌의 속박에서 허우적거리고 발버둥 치며 살기 마련이다.

이 같은 필연의 과정을 벗어나려 한다니, 과연 가능한 일인가 싶다!

그래서일까!

불교의 스님이나 가톨릭Catholic의 신부나 종교 수도자들이 그만큼이나 존중받는 것이고, 그러한 경외심은 영원히 계속될 것이며 또 계속되어야 한다.

수도자들이 그들의 본분에 어긋나지 않는 한 말이다.

수도자들은 물질이 우선인 세상에서 인간이 정신적 안녕을 누리고 살아가는 울타리가 되어야 한다. 그 울타리를 믿기에 스님과 신부님 앞에서 이내 경건해지고 엄숙해지는 까닭이다.

울타리가 튼튼하고 그 노릇이 계속되는 한 모든 사람은 안녕을 누리고 살지니 그 얼마나 고마운 분들이냐!

자연 그리고 세계

自然 그리고 世界

밤

밤이 오면 왠지 이 생각 저 생각에 잠기게 된다.

낮에 하던 일을 이어서 하고 싶어도 잘할 수 없는데, 그렇다고 잠을 청하여도 쉬이 오지 않는다.

밤은 생각에 잠기기 좋은 분위기라서 그럴까!

그래서 밤은 살길[96]을 구체화하는 시간이다.

밤에 구체화한 설계는 날이 새면 행동으로 옮기기 시작하고 밤이 오기 전 마무리하여 그 결실을 보게 된다.

밤에는 생각 없이 놀고 있어도, 술을 마셔 흐릿한 기억 속에서조차 머릿속에는 하루 동안 지나간 일들이 차곡차곡 쌓인다. 하루에 대한 성찰로 새로운 형태의 정신이 발현하고, 내일을 위한 새로운 설계가 진행되는 것이다.

「하루가 저문 저녁이 되어서야 그 하루를 알 수 있다」는 미네르바의 부엉이[97]처럼, 인생의 새로운 발견과 발전에서 벗어나고 뒤처진 사람은 일찍부터 코를 고는 즉, 밤을 이용하지 못하는 사람이다.

---

96) 살아가기 위한 방도

97) 프리드리히 헤겔이 『법철학』에서 '미네르바의 부엉이는 황혼 녘에 날아오른다'는 말을 쓴 이후로 철학을 상징하는 말로 쓰이기도 하지만, 보통 역사 연구에서 '거리두기'의 지혜를 의미한다. 오랜 시행착오 끝에 갖게 된 지혜의 가치를 역설할 때 쓰이기도 한다. 선샤인 논술 사전.

밤은 낮과 달리 소란하지 않아 소리 없는 두뇌 작업에 최적인 까닭에, 뜻이 있는 사람은 밤을 얼마나 많이 그리고 어떻게 잘 이용했느냐에 따라 성부성成不成[98]이 결정된다.

낮은 일하는 시간이고 밤은 그저 잠자는 시간으로 인식하는 사람은 일의 설계를 하지 않는 사람이다. 자신의 임무를 반만 끝낸 탓에 그 결과가 엉성하여 인생 경쟁에서 뒤처질 수밖에 없다. 뒤늦게 깨닫고 쫓아가려 허덕이고서야, 제 한 일이 어설프고 엉성한 임시방편이었음을 인식하고 후회한다.

밤에 하는 설계도 엄연한 일이다.

낮에 하는 일은 육체적이고 밤에 하는 일은 정신적인 일로 과정이 다를 뿐, 같은 일이기에 경중의 차이가 없다.

밤은 일뿐만 아니라 인생 설계에 있어 하느님이 주신 최적의 시간으로, 살아가는 데 있어 음으로 양으로 크게 도움을 주는 자연의 선물 같은 것이다.

각자 상황에 따라, 하는 일에 따라 밤이 음이건 밤이 양이건 낭비하지 않고 유익하게 이용해야 하는 까닭이다.

98) 이루거나 이루지 못함. 성공과 실패

산山

산은 힘들여 오르든 그저 멀리서 바라보든 둔중한[99] 감성을 자아내게 하여 차분한 자세를 요한다. 그래서인지, 그에 매혹되어 한 번 가면 두 번, 두 번 가면 세 번, 정을 떼지 못한다. 가도 가도 뭐 실제 얻어올 게 없는데, 그 둔중을 얻어오는 재미를 못 버리는 것이다. 오르면 내려가고 내려가면 또 오르고, 영락없이 인생살이의 반복을 연상케 한다.

알프스Alps를 오르던 마을 뒷산을 오르던, 그때의 형편에 따라 들이는 품은 달라져도 감정은 매한가지다. 산을 모르는 사람의 눈에는 그저 돈 많고 여유 있어 할 일 없는 사람들의 소일거리로 보일지 모르나, 산을 좋아하는 사람에겐 가도 가도 얻어 올 것이 많은 대상으로 보일 게 틀림없다.

태초에 지각변동과 화산폭발로 탄생한 산은 됨됨이가 웅장정연하여 누구나 매력을 느끼게 한다. 초록 물감을 부어 놓은 듯한 싱싱한 숲, 빨갛고 노랗고 갈색으로 물드는 단풍의 절경, 잎 하나 남김없이 떨어져 가지뿐인 나무조차 눈꽃을 피우는 신비한 설경은 현세가 아닌 듯한 감탄을 자아내며, 일 년 열두 달 사시사철 산으로 오라 유혹한다.

---

99) ① 부피가 크고 무겁다.
② 소리 따위가 매우 무겁고 무디다.
③ 성질이나 동작이 둔하고 느리다.

능선을 따라 병풍처럼 펼쳐진 봉우리, 깎아지른 절벽에 그 절벽을 따라 쏟아지는 물줄기, 억만년 자리를 지킬 것 같은 바위, 태고의 정서를 머금은 산사, 그리고 그 산사의 둔중한 종소리 - 헤아리기 어려운 아름다움이다.

세상이 모두 산이 없는 평지라면, 그 얼마나 단조로우리!

야생화

무엇이건 '아름다움'을 지닌 것이라면 이를 싫어하는 사람은 세상에 없으리라 싶다.

특히, 자연은 그 자체로 아름다운 것인데 그중에서도 꽃이야말로 '아름다움' 그 자체다.

꽃은 모두가 예쁘고 아름다우나, 이름도 알 수 없는 무수한 종류의 야생화는 그 순수함과 강인함에 절로 마음이 끌린다. 누가 심지도 않고 가꾸지도 않았는데, 아무런 보살핌도 받지 않고 스스로 나고 자라 끊임없이 순환한다. 세상천지 여기저기, 봄에 여름에 가을에 겨울에, 스스로 때를 알고 곳곳에 피어나 행복을 선사한다.

야생화는 꾸미지 않은 순박함에 섬세하고 연약하여 가냘파 보이기도 하고 단단하고 굳건하여 고고해 보이기도 한다.

돌 틈을 비집고 무리 지은 제비꽃, 올망졸망 채송화, 실바람에 한들거리는 구절초, 흐드러지게 무리 지어 늦봄부터 늦가을까지 신한 향기를 날리는 낮달맞이꽃과 공작초, 잎이 안 보이게 머리 가득 꽃을 피우는 노란 들국화에 이르기까지 형형색색 아름다운 시詩가 노래를 부르면, 순간 주변의 모든 것이 정지하듯 조용해지고 내 발길도 멈춘다.

나의 아담한 화단에도 색색의 꽃들이 흐드러지면, 책상 위에 놓으려 한 다발 마음껏 꺾어도 다시 피고 지고, 피고 지어 늘 그대로인 듯 풍성하다.

이 천혜의 정원, 신의 조화가 아니고서야 이 낙원을 그 누구의 능력으로 만들 수 있겠는가! 하느님은 시작도 알 수 없는 그때부터 연년세세年年歲歲[100] 이 황홀을 베풀어 주시니, 그 고마움을 표현할 길이 없고 경탄하지 않을 수 없다.

하얀 노루키와 구절초, 노란 민들레와 들국화, 짙은 주황색의 참나리와 능소화, 붉은 팬지와 꽃무릇, 파란 나팔꽃, 연분홍 상사화와 노루오줌, 자줏빛 할미꽃과 엉겅키, 보라 제비꽃과 붓꽃, 색색의 채송화와 과꽃과 코스모스에 이르기까지 보면 볼수록 행복하기 그지없어 눈을 뗄 수 없다.

이토록 아름다운 꽃들을 담벼락에, 공터에, 텃밭에, 도롯가에, 들판에, 야산에 세상 곳곳 빠짐없이 피어주시는 자연의 은총, 참으로 고맙습니다.

100) 여러 해를 거듭하여 계속 이어짐.

모기

축축하고 끈적이는 집안 밤공기를 피해 청계천을 찾았다.

돌다리 틈새로 흐르는 물소리를 산속 냇가에 앉아있는 기분으로 들으며 둑에 앉아 한가히 시간을 보내려는데, 더는 견딜 수 없을 만큼 모기떼가 괴롭힌다.

좀 더 앞으로 가면 나을까 싶어 옮겨 앉았으나, 여기나 저기나 역시 모기떼가 득실거린다.

시골에 살 때부터 모기에 시달려봐서 익숙하기는 하나, 왠지 청계천 모기가 시골 모기보다 훨씬 무는 힘이 강한 듯싶다. 그럴 리 없건만 인간의 간사함 때문인가 싶어 머쓱하다.

예전 종로 4가에 살던 집에서는 모기가 없어 미처 모르고 살았는데, 새삼 시골 생각이 난다.

생각이 꼬리를 물다 보니, 한동안 어른 안부를 모르고 산 게 여간 황송하여 전화를 드려 이것저것 안부를 여쭈며,

"모기가 많지요?" 했더니,
"모기 때문에 못 살겠다…."

아버지 말씀에 가슴이 따끔하다. 안부가 늦은 것 같아….

그때로부터 벌써 60여 년의 시간이 흘렀다. 나이 들어 옛 생각을 하니, 여름마다 멍석에 앉아 모기를 쫓기 위해 모닥불을 피우고 부채질하시던 아버지 모습이 간절하게 선하다.

'자식이 뭐 필요해!'
근간에 좀 더 진하게, 항간을 떠도는 말이 실감 난다.

모기 덕이다!

고양이

시골에서는 애완이 목적이 아니고 농사에 방해가 되는 쥐를 잡기 위해 기르나, 도시에서는 순전히 애완을 목적으로 고양이를 기른다. 어려 서울로 유학을 온 뒤로 이곳에 터를 잡으며 시골에 못 가본 지 너무도 오래라 지금은 어떠한지 알 수 없으나, 예전 농촌에는 여기저기 곡식이 비치돼 있어 쥐가 참으로 많았다.

그 많은 쥐들이 얼마나 날래고 민첩한지 사람이 잡기에는 언감생심焉敢生心[101]이나, 고양이는 일순에 잡아 물고 흔들어댔다. 낚아채 온 쥐새끼의 엉덩이를 앞발로 요리조리 쳐가며 조롱하다가 구석진 곳으로 가 금시 먹어 치우고 의젓한 몸짓을 취하면, 몇 번이고 그 민첩한 몸놀림에 놀라곤 했다.

도시에서 고양이는 아이들의 친구 같은 존재였다.

다섯이나 되는 아이들이 어렸을 적, 방 안에서 고양이 한 마리를 애지중지하며 길렀다. 막대에 기다란 끈을 묶고 그 끝에 장난감이나 먹이를 감아 문고리에 걸어 흔들어대면, 아이들 키만큼 높이 솟구쳐올라 낚아채어 환호성을 자아냈다. 여기저기 숨겨놓은 놀잇감도 단박에 찾아내어 그 영리함에 적이 놀라곤 했다.

101) 어찌 감히 그런 마음을 품을 수 있겠냐는 뜻으로, 전혀 그런 마음이 없었음을 이르는 말.

지금이야 도시에서는 더 이상 고양이가 쥐를 잡지 않아도 되지만, 40~50여 년 전 도시에서도 쥐는 골칫거리였다.

도시에서는 시골의 고양이 대신에 부엌 구석이나 다락방 한켠에 쥐약을 놓아 퇴치하던 시절이 있었다. 우리 집도 그 당시 그러했다.

어느 날, 아이들이 그토록 아끼던 고양이가 쥐를 잡기 위해 다락방에 놓아둔 쥐약을 먹고 그만 죽고 말았다. 슬픔과 허망함에 아이들은 쥐약을 누가 그곳에 놓았는지, 누가 다락문을 열어 고양이가 들어가게 됐는지 서로 옥신각신 따지며 다투다 울고불고 난리가 났었다.

그 사건 이후로 마음의 상처가 깊었는지 아이들은 더 이상 고양이를 기르자고 하지 않았고, 지금까지 어느 아이도 고양이를 기르지 않는다.

더 이상 고양이를 가까이하지 않은 지 오래나, 간혹 집 근처 화단에 터를 잡고 돌아다니는 길고양이를 볼 때면 오래전 길렀던 고양이가 떠올라 마음이 심란해지곤 한다. 어여뻤던 그 아이와 안쓰러운 길고양이가 모두 마음에 오간다.

봄 · 여름 · 가을 · 겨울

봄 - 오기도 전에, 온다는 생각만 해도 설렘이 느껴진다. 쌀섬이나 지폐뭉치를 들고 오는 것도 아닌데, 왜 그럴까?

만물이 소생하는 계절이라는 관념이 자리 잡고 있어 그런가 싶기도 하고, 겨우내 떨고 움츠렸던 몸과 마음이 따스한 기운에 저절로 기지개를 켜기에 그런 듯하기도 하고, 새 학년 · 새 출발처럼 새로운 시작이 갖는 기대와 흥분 때문이기도 한 것이리라.

혹독한 추위를 견디고 따뜻한 온기의 봄을 맞이하는 기쁨이 얼마나 크고 값어치가 높기에 '프라하의 봄'[102], '서울의 봄'[103], '아랍의 봄'[104]처럼 목숨을 건 처절한 민주화운동을 봄에 빗대 표현할까 싶어 더없이 소중히 다가온다.

봄은 그 능력이 세상 끝까지 닿을 만큼 풍부하다. 세상 곳곳 숨죽이듯 잠자며 견디어낸 수많은 동물과 식물에 활기찬 기상나팔을 불러 일어나라 깨우고 구석구석 빠짐없이 아름다움을 심어놓지 않은 곳이 없다.

---

102) 1968년 체코슬로바키아 사회주의 공화국의 당 제1서기 알렉산데르 둡체크에 의해 시작된 체코슬로바키아 사회주의 공화국의 자유화 운동.

103) 1979년 10.26 사건으로 유신체제가 사실상 붕괴한 후 5.18 민주화운동이 신군부에 의하여 무참하게 짓밟힐 때까지, 한국에 민주화의 희망이 찾아왔던 기간(1979년 10월 27일 ~ 1980년 5월 17일)을 일컫는 말.

104) 2010년 12월 17일 튀니지 혁명 이후에 폭발하여 2011년에 절정, 그리고 2022년 현재까지도 여파가 미치고 있는 아랍권의 민주화 시위.

봄은 뭔가에 취하여 나도 모르게 달콤한 낮잠을 자는 기분이다.

여름 - 더운 게 아니라 찐다고 표현하는 것이 부합할 것 같다. 지존至尊 중에서도 지지존至至尊이신 하느님의 조화를 원망할 수도 없으니 잠자코 견뎌야겠지만 한계가 있는 인간이라, 불만이 몸 전체에 팽창하는 느낌이다.

그래도 그건 순간이고 즐거운 느낌마저 들 정도로 좋기도 하다. 녹색 페인트를 칠 한 듯한, 아니 들이부은 듯한 무성한 잎들로 줄기는커녕 몸통도 보이지 않게 치장한 가로수가 줄지어진 길을 걷다 보면, 그늘의 시원함에 순간 부어터져 폭발 직전의 내 몸에도 다시 생기가 돈다.

찌부둥한 장마에 숨쉬기도 어려운 폭염이 지속되면 거리에 사람을 마주하기 어렵다가도, 여름 방학과 휴가가 있어 즐겁기 그지없는 계절이다. 친구와 연인과 가족과 함께 즐거운 추억을 쌓는 야외 활동이 몰리어 산, 강, 계곡, 바다, 복합놀이시설 등 어느 곳을 가도 발 디딜 곳 없이 인산인해人山人海를 이루는 두 얼굴의 계절이다.

여름은 극과 극의 특징이 있어 역시 좋다.

여름은 힘겨운 듯하다가도 활기가 넘치는 알다가도 모를 수수께끼를 품고 있다.

가을 - 말만 들어도 절로 배가 불러오고 마음이 넓어짐을 느낀다. 가을이 아니고서는 짐짓 느껴볼 수 없는 감정이다. 도시 사람이 이럴진대 농촌 사람은 어떠할는지 지레짐작이 간다.

뜨거운 태양 아래 수고로움을 다하여 열매가 맺고 수확하는 기쁨으로 풍성하고 넉넉한 마음이 여기저기 가릴 것 없이 넘실넘실 어린다. 풍요의 냄새를 풍기며 바람에 출렁이는 황금벌판과 가지마다 주렁주렁 열린 빨갛고 노랗게 물든 각각의 과실이 수확의 기쁨을 노래하면, 아~ 추석이다. 그리운 얼굴들을 만나는 기쁨, 그저 보는 것만으로도 뿌듯하고 무탈하게 함께해서 감사하다.

가을은 봄처럼 일교차가 크지도 않고, 여름이나 겨울처럼 극단적이지도 않다. 선선한 공기, 따스한 햇살, 시원한 듯 서늘한 바람, 그림 같이 맑고 깨끗한 하늘은 무뚝뚝한 이에게도 없던 운치를 자아내어 잊었던 추억도 살며시 꺼내 히죽이 웃는 감성을 불러일으킨다.

숨어있던 기억을 끄집어내어서일까!

쌀쌀한 날씨에 더해 낙엽이 지면 쓸쓸한 느낌이 더욱 깊어져 고독하기도 하고 우울하기도 하다. 없던 변덕이 죽 끓듯 끓어 센티멘털sentimental한 이들이 여기저기 낄낄거리기도 하고 훌쩍훌쩍한다. 도무지 감을 잡기 어렵다.

가을은 가볍지도 무겁지도 않은 옷차림과 빠르지도 느리지도 않은 거리의 걸음걸이로 여유와 낭만을 노래한다.

겨울 - 눈으로 덮인 산과 들판을 이리저리 몰려다니며 꿩 몰이하던 내 유년 시절을 떠올리면, 동네 아이들과의 추억이 눈처럼 차곡차곡 쌓여있다.

아이 때는 푹푹 눈이 쌓여도 그저 즐겁고, 얼굴과 손발이 꽁꽁 어는 추위에도 무작정 밖으로 나가 뛰어놀고 싶어서 가만히 들어앉아 있지 않으려 한다. 나가려는 아이와 말리는 부모는 실랑이를 벌이기 일쑤다. 이랬던 아이들도 철들 무렵이 되면, 이불 속에서도 나오기 싫고 등교나 출근하기는 더더욱 끔찍하게 싫어한다.

시인 같은 이에게는 어떨지 몰라도, 백설로 하얗게 덮인 세상이 신비롭게 보이는 것은 그저 잠시일 뿐이다.

어디서도 생기를 찾기 어렵고 지상의 모든 것이 잠든 것처럼 얼어붙은 공기에 잔뜩 움츠리다 보면, 지독한 이 계절이 빨리 지나가라고 매일매일 되뇌기 마련이다.

가난한 이들에게는 너무도 서럽고 힘겨운 고난의 시기이기에 이를 위로하고자 성탄절이 있는가 싶고, 추운 계절도 희망찬 시작을 위한 기대를 지니라 설날이 있는가 싶다. 고달프고 힘든 계절을 나기 위한 하늘과 인간의 지혜가 아닐는지!

겨울은 분주하고 역동적인 봄, 여름, 가을 세 계절의 노고를 접고 휴식을 즐기며, 다시 새로운 봄, 여름, 가을을 맞이할 씨앗을 준비하는 때이리라.

취향에 따라 또는 일상의 양식에 따라 좋아하는 계절이 있기 마련이고 즐기는 계절이 나뉘기 마련이니, 각자의 환경에 맞추어 가장 편안하고 어울리는 계절은 호불호가 있을 것이다. 그럼에도 봄, 여름, 가을, 겨울 – 되짚어보고 되돌아보아도 역시, 하느님의 조화는 경이로워 단 하나도 버릴 것이 없고 싫은 것 또한 없다.

탄생誕生

막내를 잉태한 아내가 저녁 식사를 끝내고 치우자마자 약한 진통을 시작하더니 얼마 지나지 않아 신음 소리가 거세지고 점점 듣기에 거북할 정도로 힘들어했다. 곧 숨넘어갈 것 같은 통증에 더 기다리면 죽을 것 같은 두려움이 밀려왔다. 차라리 내가 대신 앓았으면 할 정도로 그 자리를 지키고 있는 것조차 힘들었다. 그럴 수만 있다면, 그 자리를 떠나고 싶은 정도로 아내의 산통은 극심했다.

당시 막내를 출산할 때 아내의 비명은 마치 뼛속을 파고들 듯 너무도 강렬하여 지금까지 귓가를 맴돈다.

아내의 극심한 산통 때문이었을까?

막내는 세상에 나오자마자 숨도 제대로 쉬지 못했다. 그 옛날 의료시설이나 기술은 지금과는 비교하기 어려울 정도로 한참 낮은 시절이었다. 의사는 최악의 상황도 올 수 있다는 암담한 진단을 전했다. 급하게 인큐베이터incubator가 있는 큰 병원을 찾아 막내를 이송하고 그로부터 한 달이 지나고 나서야 건강한 상태로 집으로 데려왔다.

생명을 잉태하고 출산에 이르기까지 그 과정도 고통과 괴로움의 연속이었는데, 태어난 이후에도 이처럼 엄청난 고난이 기다리고 있을 줄은 진정 꿈에도 몰랐다.

건강하게 태어나지 못했던 탓에, 막내는 항상 골골거리는 약골이었고 툭하면 업고 대학병원 응급실로 뛰어야만 했다.

막내는 결혼하여 자식을 낳고 오십을 바라보는 나이가 되어도, 혹여나 아플까 싶어 끊임없이 내 속을 애태우게 한다.

이처럼 험난한 여정에도 불구하고 부모에게 있어 자식은 그 열 배의 괴로움과 아픔도 견디고 낳아야 할 만큼 귀중한 존재이고, 자식은 부모의 그런 헌신과 희생의 노고로 세상을 보게 된다.

그래서 탄생은 그 자체로 위대하다고 하는 것이 아닐까!

이는 인간 세상뿐만 아니라 모든 동물 세계도 마찬가지다.

그러하기에 그 어떤 생명도 하찮은 생은 없고 소중히 다루지 않아도 되는 목숨 또한 없다.

탄생, 태어남은 그 과정과 여정의 험난함과 희비喜悲에 관계없이 최악의 경우라도 기쁜 일이지, 결코 슬픈 일은 아니다 싶다. 우주 만물을 접하여 경험하고, 이해하고, 생각하고, 상상할 수 있는 그 모두, 태어나지 않고서야 어찌 가능하겠는가!

태어나 살아보아야 고통과 슬픔, 고난과 괴로움 그리고 불행과 절망도 아는 것이고, 즐거움과 기쁨, 만족과 희열 그리고 행복과 희망도 담을 수 있는 것이 아니겠는가!

삼라만상이 그 얼마나 대단하고 아름다운지는－태어났기에 알 수 있고 느낄 수 있으며, 깨닫게 되는－탄생의 특권을 가진 자만이 누릴 수 있는 선물이다.

이 꿈결같이 우아한 우주에서 타고난 지혜를 한없이 기르고 짜내어 마음껏 요리하며 살아가야 하리라!

예방豫防

하루가 다르게 새로운 기술이 수없이 탄생하고 미처 경험하지 못한 현상들이 무섭게 일어나는 복잡다단한 세상을 살다 보니, 미처 생각지 못한 문제들이 끊임없이 발생하고 지속된다.

예전에는 미처 듣도 보도 못한 메르스 · 사스 · 코로나19 · 원숭이두창 같은 질병뿐만 아니라 지구 온난화地球溫暖化로 인한 기상 이변으로 발생하는 자연재해에 아동 학대와 자녀 살해 · '묻지 마 살인'이나 '스토킹 계획 살인'과 같은 극악무도하고 참혹한 범죄부터 자살 · 인종차별 · 총기 난사 · 테러까지, 우리나라뿐 아니라 전 세계가 정신 차릴 틈도 없이 두서없이 쏟아지는 질병과 재난과 범죄에 치유하기 어려운 고통과 절망, 허무와 분노로 절규하는 가슴 아픈 현실이다.

질병, 자연재해, 그리고 각종 범죄를 미리 막아내는 일은 사회적 · 경제적으로 높은 비용과 오랜 시간이 필요할 뿐만 아니라, 그 사회를 구성하는 개개인의 협조와 일정 부분에 있어서 희생 또한 요구한다.

그럼에도 불구하고 유해한 것들을 예방하기 위하여 치밀하게 설계된 제도 마련과 노력은 백번 칭찬받아 마땅하고, 변화무쌍한 환경 변화에 따라 융통성 있게 운영하는 유연성을 지녀야 한다.

급박하게 변화하는 세상에 고지식한 옛 생각과 과거를 기준으로 만들어진 제도와 경험으로만 대응한다면, 「소 잃고 외양간 고친다」는 옛 속담을 되풀이할 뿐이다.

예방 지침이 세밀하고 체계적으로 설계되지 않고 예방에 대한 투자와 노력이 허술한 사회와 국가는 끊임없는 우환에 시달리고 사회적 혼란이 가중되어 국가 발전이 저해되므로 후진국 대열에서 벗어나지 못한다.

국가와 사회는 엄청난 재난을 막아내기 위해 아직 아무 일도 발생하지 않았을 때 예방에 총력을 기울여야 한다. 그러나 예방은 국가의 노력만으로는 한계가 있다. 국민 개개인이 자신의 안위뿐만 아니라 서로를 배려하는 마음으로 예방에 힘을 모아야 한다. 일상생활에서 지켜야 할 수많은 안전 규칙들을 무시하고 소홀히 하거나 주변의 변화에 주의를 기울이지 않는다면, 예기치 못한 사고와 범죄의 희생양이 되어 가정의 존립도 위태로워질 수 있다.

예방에는 '나 하나쯤이야'하는 개인적 일탈逸脫[105]이나 이탈離脫[106]은 결코, 용납되지 않는다.

---

105) 정하여진 영역 또는 본디의 목적이나 길, 사상, 규범, 조직 따위로부터 빠져 벗어남.
106) 어떤 범위나 대열 따위에서 떨어져 나오거나 떨어져 나감.

보약補藥[107]과 불로초不老草[108]

인간의 최대 염원은 궁극적으로 장수長壽와 건강이라 말하는데 대다수 범인凡人은 이견이 없을 듯싶다. 오래 살고 건강하게 살고자 하는 현실의 바람이 재물과 권력 같은 물질과 힘을 탐하는 욕망의 원초적 바탕에 있음은 부인하기 어렵다.

만인의 소망이고 욕망이어서일까!

인간이라면 누구도 예외 없이 경험하게 될 노화老化와 죽음의 순리를 알고 있어도, 이를 벗어나고자 불필요하거나 무모한 행태를 시도하고 반복하기도 한다. 어떠한 회피의 노력에도 노화는 진행되고, 더불어 무수한 병들은 호시탐탐 사람의 몸뚱이를 살피고 맴돌다 뚫고 들어갈 틈새를 노려 침투한다.

노화와 병에서 벗어날 수 없는 동물로서의 생명은 체질, 식습관, 생활과 운동 습관 그리고 사회적 관계와 활동 형태 등 다양한 요소의 영향을 받는다. 그에 따라 일찍 또는 늦게, 특정한 발병으로 짧거나 길게, 뜻하지 않은 사고로 부지불식간에 또는 나름 건강을 유지하며 평온하게 등등 제각각의 형태로 죽음을 맞이하게 된다.

107) 몸의 기능을 조절하고 저항력을 키우며 기력을 보충해 주는 약.
108) 먹으면 늙지 않는다고 하는 풀. 선경(仙境)에 있다고 믿어 왔다.

차를 타고 가다 보면 도로가 여기저기에 「99세까지 88하게」라는 병원 광고 플래카드placard를 종종 보게 된다.

이에 더하여 요즘 시대의 젊은 노인들 사이에서는 '9988234'라는 신조어가 유행이라고도 한다. '99세까지 88하게 살다가 2~3일만 앓다 사흘째 되는 날 죽는 것(死)이 가장 행복한 인생'이라는 뜻이란다.

물리적 현실을 벗어날 수 없는 육체의 한계를 받아들여야 하기에, 장수와 건강에 대한 바람과 염원의 마지노선으로 100세에까지 닿기를 원하고 그 과정에 건강하게 마무리할 수 있기를 희망하는 욕망의 구체적 표현이 '9988234'이리라.

이러한 바람과 욕망으로 건강한 어린아이부터 병석의 노인에 이르기까지 별별別別 이유로 별별別別 보약을 복용하는 것이 일상처럼 되었다. 대학 종합 한방병원과 개인 한방병원을 시작으로 대기업에 이르기까지 보약이라는 건강식품 사업에 앞다퉈 뛰어들고, 소비자들은 현란한 광고 문구에 기대어 일 년 열두 달 하루도 빠짐없이 밥 먹듯 복용하는 일상 식품이 되었다.

이제 보약은 거대한 소비시장을 형성하여 나날이 발전하고 있다.

보약, 현대 과학의 임상 실험과 오랜 기간 경험적으로 축적된 지식에 의하여 건강을 유지하고 떨어진 기력을 회복하는 데 도움이 될 것임은 인정된다.

그러나, 그것은 몸의 어딘가에 약점이 있을 때 필요하다.

약점이 없는데도 구해 먹는 사람이 있다. 미리 앞날의 건강을 염려하여 예비 아니면 보충하는 것이다. 이 경우의 보약은 무용無用이고 낭비다. 사람의 몸은 취사선택이 자동이어서 이상이 없는 한 선택을 허용하지 않기 때문이다. 지나치면 오히려 해로운 결과를 초래하는 것은 사람의 신체만이 아니라 세상만사가 다 그러할 것이다.

그러므로 보약은 적기 적소에 써서 효과를 백배해야 한다. 올바른 보약은 여느 약과 달리 비싸기도 하여 낭비가 되지 않으려면 신중하게 써야 한다.

장수와 건강에 매달릴 수밖에 없는 유한한 존재로서의 인간의 희망과 욕망을 생각하면, 진시황秦始皇을 떠올리지 않을 수 없다.

무소불위無所不爲 진시황이 권력을 다 기울여 구하려 했던 불로초不老草, 끝끝내 구하지 못하고 세상을 마감케 한 불로초, 그것은 못 구한 게 아니다. 구할 수 없는 것이다.

본시 존재하지 않기 때문이다. 불로초가 존재하지 않는 것이어서 다행이지, 있었다면 이 세상의 산이란 산은 다 파헤쳐져 풀 한 포기 없는 민둥산이 됐을 것이다.

불로초에 매달린 진시황을 통해 욕망의 충족은 끝이 없음이 떠올라 자못 씁쓸하다. 없는 줄 알면서도 이 세상 어딘가에 있을 것만 같고, 있기를 꿈꾸는 사회다. 그만큼 인간은 생명에 대한, 아니 장수를 향한 애착이 대단하다 하겠다. 아무리 장수를 해도 그 끝은 대단한 것이 없는데도 말이다.

장수의 결과가 아무것도 안 보일지라도 오직 장수를 꿈꾼다. 진정 안타깝기 짝이 없다.

이 세상에 영원히 불로초가 없듯 상식을 초월한 장수도 없기에 나이가 들수록 과도한 집착과 열망을 다독일 수 있는 지혜가 필요한 이유다.

근래 들어 아이들 눈에 내 기력이 예전 같지 않아 보이는지, 늙은이의 건강을 걱정하여 이런저런 보약과 건강기능식품을 들고 온다. 귀한 약이고 효능도 높으니, 잊지 말고 꼬박꼬박 챙겨 드시라 신신당부하고 간다. 아이들의 당부대로 있는 것이니 먹으면서도 약효는 다름 아닌 고마운 마음과 정성을 먹어 몸에 좋은 것이라는 생각이 든다.

그 어느 때보다 풍요롭고 발전된 세상이건만, 의약품 남용과 불법적이고 비과학적 치료를 쫓다 어려움을 겪는다는 이러저러한 호소, 때로는 심각한 상황에 이르러 목숨까지 잃는 경우를 뉴스를 통하여 듣고 본다.

그런데도 끊임없이 또 듣고 또 볼 일이 생기곤 한다.

인간의 신체적 약점과 욕망을 이용하는 유혹에 빠지지 않아야 한다. 합법적 치료와 처방을 벗어나서 건강과 장수를 찾아 헤매는 것이야말로 건강을 해치고 수명을 단축하는 어리석은 욕심이다.

불로초는 존재하지 않는다.

보약은 사람이 사는 한 필요한 약 임이 틀림없으나, 부질없이 남용하여 부작용에 시달리거나 돈을 허비하는 일이 없도록 해야 한다.

보약이 별거인가!

마음이 행복하고 즐거우면, 그것이 보약이고 명약名藥[109]이 아니겠는가!

나에게는 자식들의 편안과 행복이 세상 값진 보약이다!

109) 효험이 좋아 이름난 약.

운동運動

젊어서는 한시도 쉬지 않고 몸을 움직여 집 안팎 곳곳을 꾸미고 정리하는 것만으로도 하루를 다 보내기 일쑤였다. 별도로 운동을 할 필요가 없을 만큼 종일 쉼 없이 움직이고 또 움직였다. 그토록 부지런하고 활동적인 나였건만, 어느 시기부터 움직이기 귀찮아지고 조금이라도 무리하여 활동했다 싶으면 몸 여기저기서 신음을 내기 시작한다.

젊어 어른들이 '너도 늙어봐라!' 하시던 말씀이 이처럼 생생할까 싶다. '왜 그때 그 말씀을 온전히 이해해 드리지 못했을까!'하는 후회와 죄송함도 스쳐 간다.

몇 년 전부터는 종일 책상과 소파에 앉아서 하루 대부분을 보내는 것이 일상이 되어 가까운 거리를 걷는 것도 버겁게 느껴지기 시작했다. 이런 나의 모습을 늘상 지켜보는 딸아이는 아침, 점심, 저녁 수시로 움직이라, 운동하라 쉼 없이 재촉한다.

"아버지, 오늘 걷기 하셨어요?"

"아버지, 귀찮으셔도 식사하시고 잠시 쉬셨다가 조금이라도 걷기 하셔야 해요."

"요즘 너무 안 움직이셔서 자꾸 발이 붓잖아요. 그만 작업하고 일어나서 움직이세요."

단 하루도 그냥 넘어가는 법이 없이 움직이고 운동하라는 냉정할 정도로 단호한 딸의 성화에 시달리기 일쑤다.

정작 그리 말하는 딸아이도 하루 내내 책상 앞에 앉아 컴퓨터만 보고 작업하면서 말이다.

건성으로 '알았다' '그래' 답하고 미적거리다, 게으름과 통증을 떨쳐내고 힘을 내어 집 안을 이리저리 걷는다. 그냥 걸으면 시간이 아깝고 심심하여 오랜 기간 가까이 둔 책의 구절을 읊고 또 읊으며 힘을 낸다.

숨이 적당히 차오르고 다리에 힘이 들기 시작할 쯤, 크게 한숨을 쉬고 소파에 앉으면 왠지 기분이 좋고 뿌듯한 마음이 들기도 한다.

인간은 정신과 육체가 유기적有機的[110]으로 결합된 동물이다. 존엄성을 지닌 인간은 결코 정신과 육체가 따로 떼어진 상태로 존재하지 못한다.

정신은 건강하나 육체가 건강하지 못한 경우나 그 반대로 육체는 건강하나 정신이 건강하지 못한 경우 모두 온전히 건강하다고 말할 수 없는 까닭이다.

---

110) 생물체처럼 전체를 구성하고 있는 각 부분이 서로 밀접하게 관련 있어서 떼어 낼 수 없는.

정신은 글 읽기와 글쓰기, 명상과 반성적 사고, 음악·미술·영화 등을 통한 예술적 소양 등 다차원적 유형의 학문을 향한 탐구열이 요구되나, 육체적 단련은 오직 육체의 고통과 한계를 견디고 극복하는 일상적 활동이 아닌 운동을 통해 가능하다.

운동은 신체적 활동을 원활하게 하기 위한 목표를 지닌 움직임이다. 신체는 일상적 활동만으로 기능과 능력이 유지되고 향상되지 않는다. 얼핏 활동이나 움직임을 운동으로 여겨나 활동과 운동은 엄연히 다르다.

「운동은 언제나 그 자신을 넘어서 있는 어떤 목적을 향하고 있으며, 그 자체로 최종적이지 않다.

우리는 배우기 위해 배우는 것이 아니라 알기 위해 배우는 것이며, 우리는 치료받기 위해 치료받는 것이 아니라 건강한 몸 상태를 위해 치료받는 것이다.

반면 (좁은 의미에서의) 활동은 그 자신 안에 목적이 있다. 봄, 생각함, 앎, 삶 등은 그것들 자신을 넘어서는 어떤 것을 목표로 하지 않는다.」[111]

111) 아리스토텔레스. 『형이상학』 (해제). 전헌상 역. 서울대학교 철학사상연구소(2006). 4.2.2. 활동과 운동.

인간은 잘사는 게 지상 최대의 목적인데, 잘사는 것이 오직 재물의 풍요라고 생각한다면 당장 바꿔 생각해야 한다.

잘사는 건 재물이 아니고도 부지기수다.

목숨을 건 운명적 사랑, 심신을 다 바쳐 성취한 출세, 목숨과 바꿔도 후회 없는 자식의 행복 등등.

그 모두가 바라는 결과는 잘사는 것인데, 잘살려면 인생을 살아가며 만나고 겪게 되는 무수한 난관을 극복할 수 있는 건강이 뒷받침되어야 잘 사는 것이 가능하다.

이처럼 중요한 건강을 유지하고 노화에 따른 위험을 늦추기 위해서 운동해야 한다.

잘살기 위하여 그리고 건강하기 위해서 뿐만 아니라 '어린 손녀 때문에라도 운동을 해야겠다' 다짐한 적이 있다.

이제 막 초등학교에 입학한 어린 손녀가 어디서 들었는지 노인이 되면 '치매'에 걸린다는 것을 알고 친조부모와 외조부모의 건강에 부쩍 관심이 높아졌다. 함께 사는 친할아버지께 치매 걸린다며 잔소리를 한다고 몇 차례 들었다.

어느 내 생일날, 그 어린 손녀가 앙증맞은 생일 축하 카드에 '할아버지 치매 걸리지 마시고, …, TV 너무 많이 보지 마시고 운동 많이 하세요.'라고 적어주었다.

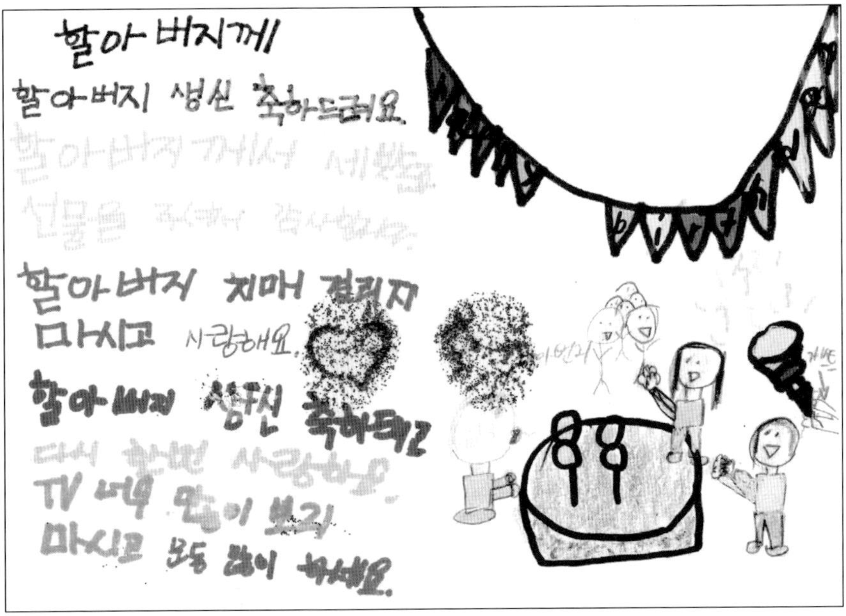

그렇다. 운동을 많이 해야 한다.

잘살고 싶으면 건강해야 하고, 건강히 살고 싶으면 반드시 해야 하는 것이 운동이다.

生老病 그리고 死

이 순간 생명이 유지되고 있는 지구상의 생명체는 그 어떠한 예외 없이 「나고 늙고 병들어」 가는 과정을 겪는다. 지금 막 태어난 신생아조차 의식하든 의식하지 못하든 사람이라면 반드시 겪게 된다는 生 · 老 · 病의 고통을 경험하는 과정에 있다.

아이러니하게도 이러한 과정에서 직접적으로 겪는 고통과 달리 그러한 고통을 겪게 될 것이라는 인식만으로 괴로움을 느낀다. 건강한 이가 병들지 않았음에도 병들 것을 두려워하고, 젊은이는 늙지 않았음에도 늙어 겪게 될 것을 걱정한다. 이러한 걱정과 두려움은 아직 죽지 않았기 때문에 느끼고 경험할 수 있는 것이다. 세상에 태어나는 모든 인간이 필연적으로 겪는다는 네 가지 고통 중의 마지막 단계인 死의 단계를 거치지 않았기에 生 · 老 · 病의 고통을 인식하고 걱정하는 것이다.

죽음은 생물체의 생명이 끊기고 없어지는 현상을 이르는 말이다. '현상'이라는 단어에서 알 수 있듯, 생명 활동이 정지되어 다시 원상태로 돌아오지 않는 상태로 지각되는 것이 죽음이다. 그리고 죽음이라는 현상의 결과물이 주검이다.

죽음이라는 현상과 그 결과인 주검은 생명체의 '끝'을 보여준다.

'끝'에 담긴 의미를 생각한다면, 누구도 자기의 죽음을 직접적으로 체험할 수는 없다. 오직 다른 사람의 죽음을 통해서 간접적으로 체험할 뿐이다. 이 간접적 체험을 통해 삶의 의미를 고찰하고 반성함으로써 죽음의 뜻을 이해하게 된다.

온전히 죽음을 맞이한 순간에 이르면, 이미 스스로 죽음을 인지할 수 없다. 따라서 生老病死에 있어 死의 고통은 실제 겪을 수 있는 것이 아니다. 죽음에 이르러 주검이 된 상태에서는 더 이상 어떠한 감정이나 고통을 느끼지 않으며 겪을 수 없다.

死의 고통은 아직 죽지 않고 살아있는 사람만이 느끼고 두려워하는 것이다.

그러나 生老病死는 자연의 순리이다.

그 어느 단계와 현상이건 간에 자연의 순리를 두려워하고 걱정하는 것은 어리석은 것이다.

삶에 시간의 제한이 없다면 세상은 과연 어떤 상태에 이를까? 실존주의자들의 주장처럼, 사람은 죽음의 불가피성과 삶의 유한성 때문에 의미와 가치를 생각하며 현재에 충실한 삶을 살아가도록 자극받는 것이 분명하다.

죽음을 두려워하는 사람은 삶도 무서워하며 사는 것이다. 참된 삶을 살지 않기 때문에 죽음을 직면하는 것이 두려운 것이다.

그러므로 사람은 살아있을 때 하고 싶은 일뿐만 아니라 해야 할 일을 끝내도록 죽음을 맞이하는 그 순간까지 포기하지 않고 열심히 노력해야 한다. 서 있는 자리와 주어진 능력을 감사히 여기고 주어진 책무를 다하기 위해 진실한 마음으로 살아가는 것이야말로 참된 삶을 살 수 있는 유일한 방법이다.

참된 삶을 살고 있다면, 앞으로도 참된 삶을 살아간다면 死의 고통은 겪지 않을 것이다.

死의 고통을 생각하지 말고 死에 이르는 순간까지 존재 이유를 찾아 의미와 가치를 세우고 실천하는데 生의 시간을 그리고 육체의 에너지를 쏟고 또 쏟아내자.

폭염 暴炎

더워도 너무 덥다. 아직 유월인데, 이렇게 더울 수가!

아프리카도 아닌 유럽에서 매년 경신하는 사상 최고, 최장 폭염에 열사병으로 다수의 사람이 죽었다는 뉴스가 몇 년 전부터 계속 전해진다. 일상적 더위를 넘어선 이례적 폭염은 사람뿐만 아니라 수많은 종의 동물과 식물까지 생존의 문제로 연결된다. 이상기후는 개별 국가나 특정 지역의 문제를 넘어서, 지구가 위기라고 끊임없는 경고음을 울리고 있다.

그리 멀지 않은 옛날에는 이렇지 않았는데…, 알고 보면 하느님 소행이 아니라 인간의 소행이다. 지금도 이처럼 더운데 여기서 더 폭염의 노여움을 모른 체, 그릇된 인간의 소행을 묵인한다면 전 세계적 재난으로 번질 것이 분명하다.

하늘을 가득 채울 것 같은 굴뚝들, 지상의 모든 땅을 덮을 것 같은 자동차, 여름에는 시원하게 그리고 겨울에는 따뜻하게 오직 안락만을 추구하는 인간의 끝없는 욕심 - 가짓수를 헤아릴 수 없다. 문제는 이 같은 현상을 거둬드릴 것 같지도 않고, 고쳐질 것 같지도 않다는 점이다.

이러한 현상이 사실이라면, 오래지 않아 지구는 열에 말라서 허공이 될 것이다. 참으로 끔찍한 현실이다.

물

「물 쓰듯 하다」

누구도 물을 걱정하던 때가 없었다. 아니, 물을 걱정하리라고는 꿈에서도 상상하지 않았다. 그래서 으레 무엇이든 헤픈 것마다 물 쓰듯 한다고 했다.

그러나 물을 걱정하는 세상이 꿈에서가 아니라 현실로 닥쳤다. 세상 돌아가는 모양새가 그저 물 쓰듯 무한정일 줄 알았는데, 무한정은 고사하고 바닥이 코앞에 다가왔다 싶어 초조하고 걱정이 깊어진다.

지구 전체 물의 양은 약 13억 8,500만㎦이나 염분이 녹아 있지 않은 담수는 고작해야 지구 전체 물의 약 2.5%에 불과하단다. 전 세계적으로 급격한 기후변화와 기후 위기로 가뭄과 폭우가 반복되고, 홍수 발생 빈도가 잦아지면서 마음 놓고 이용할 수 있는 물의 양은 점점 더 급격히 줄어드는 상황이다.

우리나라도 예외가 아니다. 한국의 평균 강수량은 대략 1,500㎜로, 세계 평균치 807㎜를 훨씬 넘어서지만 좁은 영토, 높은 인구밀도, 여름에만 집중되는 강수량 등 복합적 환경 요인으로 인하여 물 스트레스 국가로 분류되었고, 물자원국가순위에서 43위[112)]로 물 빈곤국에 들어선 지 오래다.

도랑물에 불과한 물이 닳지 않는다고 여겼다니, 인간의 생각이 짧아도 너무 짧았다.

물이 없으면 생명체가 존재할 수 없다. 우주 탐사에서 미지의 행성을 분석할 때마다 물의 존재 여부가 우선시되는 이유이다. 이렇듯 소중하고 귀한 물이 사라지고 있다.

물이 사라지면 인간도 사라진다.

끔찍하다! 생각도 하기 싫다!

그러나 생각해야 한다. 아니, 생각할 게 아니라 무엇을 해야 하나 살피고 행동해야 한다.

물을 마실 때마다, 씻고 헹구고 청소하고 세탁할 때마다 생각하며 마시고 성찰하며 사용해야 한다. 물을 아껴 사용하겠다는 생각이 있다면 실천이 따라야 한다.

사람이 숨 쉬는 모든 과정에 물이 닳는다.

생각 없이 마셔서 그렇지 물은 깨끗하기가 비할 게 없고, 쓰지도 맵지도 않은데다 일평생을 마셔도 질리지 않으니 - 세상에 이보다 더 좋은 것이 감히 있을 수 있겠는가!

112) 인류 생존의 시계 물관리에 달렸다. 삼성 디스플레이 뉴스룸. 2022. 03. 22.

먼지 그리고 미세먼지

2000년대 이전까지, 먼지는 그저 바람에 의해 땅에서 일어 흩어지는 정도였다.

하나, 이제는 그게 아니다. 인간과 더불어 지구상에 호흡하는 존재 모두를 대상으로 서서히 소리 없이 고통 속에 몰아넣으며 쓰러뜨리는 힘, 바로 그것이다.

세계보건기구(WHO)는 미세먼지(PM10, PM2.5)[113]에 대한 대기질 가이드라인guide-line을 1987년부터 제시해 왔고, 2013년에는 세계보건기구 산하의 국제암연구소IARC에서 미세먼지를 사람에게 발암이 확인된 1군 발암물질Group 1로 지정하였다.[114]

놀랍게도 이 세상의 우리는 지금 그 힘과 어울려 살고 있다. '설마'를 깔고 앉아 마음 놓고 사는 눈치다. '설마'인지 '자포자기'인지, 분간할 수 없지만 참으로 불안하고 안타까운 현실이다. 새삼 먼지의 힘에 숨이 가쁘다.

세상사에 뜻이 있는 이들이 화급한 현실에 당황해, 이러쿵저러쿵 앞날을 걱정하지만 뾰족한 답이 없다.

---

113) 미세먼지는 우리 눈에 보이지 않을 정도로 작은 먼지 입자로 입자 크기에 따라 직경 10 ㎛ 이하(10 ㎛은 0.001 ㎝)인 것을 미세먼지(PM10)라고 하며 직경 2.5 ㎛ 이하인 것을 초미세먼지(PM2.5)라고 합니다. 이들 먼지는 매우 작아 숨 쉴 때 폐포 끝까지 들어와 바로 혈관으로 들어갈 수 있다. 질병관리청.

114) http://www.me.go.kr/미세먼지, 도대체 뭘까?

미국이 과학에서 가장 앞서가는 모양샌데, 그들 역시 고작 '먼지'라고 여겼던 1급 발암물질의 초강력 힘 앞에 허둥대는 형국이다.

먼지, '고작' 먼지 앞에, 지금도 세상은 망가지고 인간은 죽어가고 있다.

장마

장대비다 싶으면 가랑비로, 가랑비다 싶으면 장대비로 바뀌어 가며 쉬지 않고 내린다. 그쳤나 싶으면 눈부신 번갯불이 번쩍번쩍 번쩍이고, 이어 천둥소리가 고막을 찢을 듯이 울려 퍼진다. 장마가 왔다.

적당한 비는 온갖 지상의 먼지와 잡동사니를 쓸어내어 깔끔하게 청소하지만, 장마는 지속해야 할 지상의 모든 작업을 중단시키고 농사에 가장 절실한 저수지 둑을 무너뜨리고 때로 소중한 인명을 빼앗기도 하는 등 많은 것을 저지하고 파괴한다. 기나긴 가뭄 끝에 시작되는 장마는 산불을 예방하고 저수지와 댐을 채워 생활용수로, 농업용수로, 공업용수로 활용하여 고맙기 그지없기에 유익한 점도 있다.

그러나 준비하고 대비하지 못한 장마는 우리의 생활 전반에 무차별적 피해를 끼친다.

2022년 8월 8일, 수도권에 쏟아진 115년 만의 폭우[115)]가 이를 대변한다. 엄청난 피해를 미연에 방지하려면 장마가 오기 전 너 나 할 것 없이 각자의 위치에서 허점이 없는지 철저히 살피고 대비하는 것만이 해답이나 대한민국은 그리고 우리는 그리 하지 않았다.

115) 기상청은 2022년 8월 8일 평균 강수량은 129.6㎜로 서울에 기상 관측이 시작된 게 115년 전인 1907년 이래 최대 강수량이라고 발표했다.

빨간색에 하얀 물방울 우비를 입은 기상 캐스터가 하루 내내 반복한다.

「내일은 수도권에 양동이로 쏟아붓는 정도의 비가 내립니다.

출근하시는 분들은 퇴근길에 가시거리가 짧고 도로가 침수되거나 미끄러울 수 있으니 대중교통을 이용하시기 바랍니다.

되도록 불필요한 외출은 자제하고 연세가 많은 어르신 등의 안부를 수시로 확인합니다.

가정의 하수구나 집 주변 배수구를 미리 점검하고 막힌 곳은 뚫어야 하며, 주변에 위험한 시설물이 있는지 미리 점검하여 바람에 날리거나 떨어지지 않도록 단단히 조이거나 정리하시기 바랍니다.

집에 물이 들이차면 즉시 차단기를 내리고 가스 밸브를 잠근 후 밖으로 나와 안전한 곳으로 대피하시기 바랍니다.

하천이나 해변, 저지대에 주차된 차량은 안전한 곳으로 이동합니다. 침수가 예상되는 아파트 지하 주차장, 건물 등에서는 모래주머니, 물막이 판 등을 이용하여 피해를 예방합니다.

휴가철을 맞아 계곡이나 하천 주변, 방파제 등에서 물놀이나 야영하시는 분들은 기습 호우에 유의하여 물놀이를 멈추고 안전한 곳으로 대피합니다.

땅에서 울림이 들리면 산사태의 징조이니 긴급히 대피하시기 바랍니다.

공사장, 주변의 배수로, 빗물받이, 비탈면, 옹벽, 축대 등은 미리 점검하고, 저지대나 상습 침수지역, 산사태 위험지역, 지하 공간이나 붕괴 우려가 있는 노후주택·건물 등에서는 안전한 곳으로 이동합니다.

길게 이어지는 호우에 큰 피해가 우려되는 만큼, 안전을 위한 대비를 철저히 하시기 바랍니다.」

날이 밝았다!

기상 캐스터의 안내 방송은 마치 예언처럼 현실이 되었다.

서울 한복판에 양동이로 쏟아붓는 듯 역사상 기록적인 비가 내렸다.

대중교통 대신에 자동차를 이용하여 출근한 이들은 퇴근길에 자동차가 침수되어 차를 버리고 간신히 몸만 빠져나오거나 차량 지붕 위에서 구조의 손길을 기다리며 아슬아슬한 상황을 연출했다.

주택과 도로의 배수구는 각종 생활 폐기물로 꽉 막혀 온 도로와 주택을 집어삼켰다.

고정 장치가 없어 덮개가 사라진 배수구로 남매가 빨려 들어가 실종되었다가 며칠이 지나 차례로 시신으로 발견되어 모두의 안타까움을 자아냈다.

세계적으로 주목 받은 영화 『기생충』[116] 속 '반지하'에 사는 이들은 갑작스레 들이닥친 물 폭탄에 모든 살림살이를 놓고 목숨을 건 탈출을 했고, 미처 빠져나오지 못한 이들은 소중한 생명을 잃는 비극을 낳았다.

지하 주차장에 주차된 차들은 모두 흙탕물에 잠겼고, 어느 아파트에서는 입주민들이 차량이 침수되는 것을 막기 위하여 들어갔다 미처 빠져나오지 못하고 시신으로 발견되는 참사가 일어났으며, 산사태와 옹벽·축대가 붕괴하여 주변의 주택들은 형체를 찾기 어렵게 파묻혔다.

계속되는 대피 방송과 안내에도 불구하고 계곡과 하천 주변에서 물놀이하던 이들은 불어난 물에 휩쓸려 실종되거나 소방구조대의 각고의 노력으로 간신히 구조되었다.

제아무리 정확하게 예언한들 대비하지 않고 지키지 않는다면 그 무슨 소용이 있겠는가!

알고도 당하는 것만큼 허망한 것이 또 있을까!

그러나 매번 '다람쥐 쳇바퀴 돌 듯' 반복, 반복이다.

116) 2019년 5월 30일 개봉작. 계급사회의 민낯을 낱낱이 고발한 영화.

어제[117]는 파키스탄에, "하늘에서 지옥문이 열렸어요. 성서에서나 볼 법한 홍수입니다."[118]라는 인터뷰와 함께 국토의 3분의 1이 완전히 물에 잠기어 1,300여 명이 사망하고 3,300여만 명의 이재민이 발생했으며, 백만 호 이상의 가옥이 유실되었다는 가슴 아픈 뉴스가 전해졌다.

내일은 또 지구의 어디에서 어떤 재난이 인간들에게 지독한 경고를 보낼까?

두려움과 미안함이 소용돌이친다.

모든 자원을 아끼고 불필요한 소비를 줄이며, 자연에 부채의식을 지녀야 한다.

지구의 이상기후가 일상인 지금, 철저한 대비는 매일의 일상이 되어야 하는 위기 상황이다.

117) 2022년 8월 29일.
118) 파키스탄의 신드주(州) 관계자의 29일 BBC와의 인터뷰

전쟁戰爭

분단국가라고 하나 나름 편안하고 안정된 상태를 유지하며 생활하고 있음에도 불구하고, 16세 어린 나이에 동족상잔同族相殘의 비극인 6·25 전쟁을 겪은 당사자로서 '전쟁'이라는 단어는 듣기만 하고 상상하는 것만으로도 두렵고 떨린다.

평화로운 어느 날, 이처럼 끔찍한 과거의 공포가 지구촌 한 편에서 현실이 되었다.

2022년 2월 24일, 러시아가 우크라이나Ukraine 수도 키이우Київ를 미사일로 공습하고 지상군을 투입하는 등 전면 침공을 감행하면서 양국 간 전쟁이 발발했다. 양국 간 전쟁이라고 하지만, 실제로는 러시아의 일방적이고 무차별적 포격과 파괴와 살상이 전부라 할 수 있다. 러시아의 침략 행위에 우크라이나의 영유아를 포함한 수많은 국민이 하루도 빠짐없이 연이어 희생당하고, 러시아군의 점령지 곳곳에서 미처 피난을 가지 못한 우크라이나 국민에 대한 고문과 살육의 비인도적 전쟁 범죄가 서슴없이 자행되고 있다.

푸틴 러시아 대통령의 장담과 달리, 우크라이나 정부와 국민의 거센 항전 의지와 대항 그리고 미국과 EU 및 자유민주 진영의 전방위적 경제 및 군사 지원에 힘입어 전쟁은 예상외로 길어지고 있다.

조국을 지키기 위해 애국심으로 똘똘 뭉쳐 목숨을 바치는 우크라이나 군인들과 강제로 전선에 동원되는 러시아 군인들의 희생은 나날이 증가하고, 우크라이나의 군사시설을 넘어 민간 시설과 사회기반시설에 대한 집중 포격이 가중됨에 따라 전 국토가 초토화되고 도시의 기능은 완전히 상실된 실정이다.

오늘 이 순간에도 폭격은 계속되고 무고한 사상자의 숫자는 끊임없이 올라가고 있다.

대한민국에서 태어나 살아가는 대다수 세대에게 전쟁은 그저 먼 나라의 일일 뿐이고, 뉴스를 통해 시각적으로 전달되는 전쟁의 참상은 마치 영화나 게임 속 한 장면처럼 비현실적이어서 감정이입을 한들 추상적일 밖에 없다.

그러나 전쟁을 겪은 이들에게는 한순간도 지울 수 없는 두려움과 아픔이 또렷이 되살아나는 실제가 된다.

1950년 6월 25일 발발하여 1953년 7월 27일 휴전이 성립하기 까지 만 3년 1개월 2일간 지속된 6·25 전쟁은 그 시절을 살아온 모두의 삶에 말이나 글로 전하기 어려운 상흔傷痕을 남겼고, 전쟁의 공포와 고통의 심연深淵[119]이 깊게 새겨져 있다.

---

119)① 깊은 못.

② 좀처럼 빠져나오기 힘든 구렁을 비유적으로 이르는 말.

③ 뛰어넘을 수 없는 깊은 간격을 비유적으로 이르는 말.

추위와 더위, 배고픔과 질병은 차치且置[120]하고 대포의 포격과 전투기의 총탄으로 함께 피난 가던 옆 사람이 픽픽 쓰러지는 모습을 보면서 걷고 또 걸었던 피난길의 기억은 골수에 사무쳐 잊히지 않기에, 우크라이나 국민의 고통과 상처는 쉬이 넘기기 어려운 아픔이다.

전쟁이 끝난들 우크라이나 국민과 터전으로 돌아올 피난민들이 전쟁 이전의 삶을 되찾기까지 얼마나 긴 시간 속에 극심한 고통을 감내해야 할지 상상조차 어려워 걱정이 깊어진다.

전쟁은 오직 파괴와 살육의 목적을 달성하기 위한 광기와 이를 수행할 무기들만이 존재할 뿐, 인류의 희망은 존재하지 않는다.

첨단화된 탱크, 미사일, 전투기의 파괴력과 살상 능력은 극단으로 치닫고, 카메라를 장착하여 정찰 임무를 수행했던 드론은 이제 미사일을 장착하고 군인이 없이도 목표물이 무엇이건 장소가 어디이건 상관없이 자유자재로 침투하여 파괴하기에 앞장서고 있다. 피에 굶주린 짐승처럼 파괴와 살상에 한계가 없는 악의 마음을 지닌 물건이 있다면 그것이 바로 최첨단을 자랑하는 온갖 종류의 전쟁 무기일 것이다.

---

120) 내버려 두고 문제 삼지 아니하다.

오늘날의 전쟁 무기를 보노라면, 마치 해악과 폐허를 대변하는 아레스Ares[121]가 지구와 인류의 멸망을 위하여 신화 속에서 현세로 뛰쳐나온 것은 아닐까 하는 의구심마저 든다.

인류의 역사와 미래를 인간의 뜨거운 피로 물들이고, 끝내는 공멸을 향해 달음질하는 아레스의 후예 - 전쟁 무기를 쓸 일이 없는 날이 하루라도 일찍 오면 좋겠다.

아니, 내가 바라는 그날은 '오면'이 아니라 '와야 한다'.
바라고 또 바라는 것이 있다면, 이는 오직 평화뿐이다.

와야 할 그날까지 황금빛의 단단한 투구와 갑옷에 지혜를 덧입히고, 아이기스 방패와 창에 정의와 평화를 덧씌워 무장한 아테나Athena[122]가 평화를 꿈꾸는 우리와 함께하기를 소망한다.

121) 그리스 신화에 나오는 올림포스 12신 중 하나로. 전쟁과 파괴를 주관하는 신이다.
피와 살상을 즐기고 잔인하고 야만적이다. 갑옷과 투구를 쓰고 칼이나 창과 방패를 든 모습으로 표현된다. '아레스'라는 이름의 어원은 학자들 사이에서도 설이 엇갈린다. 하지만 해악, 폐허라는 뜻인 아레(ἀρή)에서 유래했다고 보는 것이 대다수 설이다. 즉 '아레스'는 '해악을 끼치는 자, 파괴자'라는 뜻이다. 그는 모든 형태의 전쟁과 전투를 기뻐하며, 희생자나 편 가르기 따위는 걱정하지 않았다. 나무위키.

122) 그리스 신화에 나오는 올림포스 12신 중 하나로 지혜의 신이자 전쟁의 신이다.
인간과 신들 중 가장 지혜로운 메티스와 제우스가 결합하여 생긴 딸로, 제우스의 미리에서 대어났다. 유일하게 남자 신에게 태어난 신이다. 뛰어난 지혜와 무력, 불굴의 정의감과 투쟁심으로 정의와 평화에 앞장서는 영웅적인 인류애로 제우스와 헤라를 포함한 모든 신들과 인간으로부터 사랑과 존경을 받는 신이다. 관대하고 자비로운 포용심을 갖추었고 투철한 정신으로 전사와 영웅들을 올바른 길로 이끄는 멘토 역할을 수행함으로써 정의와 평화를 수호한다. 신화 속 전쟁에서는 지략과 무력을 갖춘 아테나가 무작정 달려드는 아레스를 상대로 압승을 거두며 끝나버리는 경우가 부지기수로, 미국의 심리학자 진 시노다 볼린Jean Shinoda Bolen의 표현에 따르면, '아레스가 공격적 사랑하는 이 땅의 고귀한 후손들이여!

파멸과 공멸의 어리석은 무기는 저 멀리 던져버리고

협력과 공존의 지혜로운 갑옷으로 단단히 무장하고

정의와 평화의 창과 방패를 두 손에 단단히 움켜쥐고서

꺾이지 않는 용기를 품고

용맹하게 싸우며 나아가고 나아가,

아름답고 숭고한 평화의 전쟁에서 승자가 되어라!

인 군사력을 앞세워서 무작정 날뛰기만 하는 돌격대장이라면 아테나는 그런 군대를 한꺼번에 초토화하는 핵폭탄'이라고 할 수 있다. 나무위키.

난민難民의 시대時代

아직 겨울 추위가 온전히 가시기 전, 남편을 전장으로 떠나보내는 부인의 얼굴은 슬픔과 두려움이 가득하고, 그 등에 업힌 채 추위와 배고픔, 알 수 없는 긴장과 불안함에 제대로 씻지도 못한 아기는 눈물 한줄기가 말라붙기도 전에 다시 서러운 눈물을 흘리며 칭얼거린다. 변변치 못한 짐꾸러미를 들고 피난길에 오르는 피난민들의 행렬이 뉴스 화면을 가득 채운다.

피난민들 누구도 예측하거나 원하지 않은 일이다. 이들 가운데 누구에게 잘못이 있는 것 또한 아니다. 그렇기에, 공포와 두려움을 넘어 절망감에 짓눌린 표정으로 눈물짓는 우크라이나 어머니와 그 등에 업힌 아기의 모습은 참으로 안타깝고 가슴 아프기 그지없다.

시시각각 예측 불가능한 북한을 머리에 이고 살면서도 피난을 생각할 필요가 없을 만큼 대한민국은 최소한의 힘을 갖추었고, 새벽녘에 여러 발의 미사일이 발사되었다는 뉴스가 이어져도 사재기 같은 혼란상이 일어나지 않을 만큼 사회가 안정되어 있음에 감사한 마음이 스쳐 지나간다.

불과 20~30여 년 전과 비교해도 '세상 참으로 살기 좋아졌다' 느끼는데, 우크라이나 피난민들처럼 전 세계에 걸쳐 난민은 급속히 증가하는 추세다.

난민 관련 국제조약집(1997) 한국어판 서문은 「금세기는 난민의 시대 - 」라는 문구로 시작된다. 이미 20~30여 년 전부터 난민의 급격한 증가와 이로 인한 문제는 국제사회에 시급한 해결과제로 대두되었고, 이제 우리나라도 지역사회와 맞물려 복잡다단하게 얽혀있는 문제가 되고 있다.

UN 난민협약 제1조에 따르면, '인종, 종교, 국적, 특정사회집단의 구성원 신분 또는 정치적 의견을 이유로 박해를 받을 우려가 있다는 충분한 근거가 있는 공포로 인하여, 자신의 국적국 밖에 있는 자로서, 국적국의 보호를 받을 수 없거나, 또는 그러한 공포로 인하여 국적국의 보호를 받는 것을 원하지 아니하는 자'[123]를 난민이라 규정하고 있다.

그러나 최근 들어 폭발적으로 발생하고 있는 난민은 UN의 난민 규정에 포함되지 않는 새로운 유형의 난민들이다. 세계 곳곳에서 발생하는 전쟁, 내전, 테러와 같은 폭력적 상태로 목숨의 위협을 느끼는 이들, 국가 경제의 붕괴로 생계에 위협을 받는 이들 그리고 이상기후로 발생하는 자연재해로 삶의 터전을 잃고 곤경에 빠져 도움이 절실한 사람들이 급격히 늘어나며, 난민 대열에 합류하는 실정이다.

123) 유엔난민지구(UNHCR) 난민의정서. 1951.

생사의 갈림길에서 하루하루 위태위태한 상태에 놓인 난민의 수가 「2022년 6월 20일 세계 난민의 날 기준으로 1억여 명으로 늘어나 전 세계 인구의 약 1%에 달한다」[124]고 하니, 그 엄청난 숫자에 놀라지 않을 수 없다.

10년 전인 2012년 2월 10일 난민법이 제정되고 우리나라에도 정착하는 난민이 꾸준히 늘고 있으나 그 숫자는 다른 난민 체류 허용 국가들에 비하면 매우 미미한 상태다.

우리나라는 난민 심사를 통한 인정률이 채 1%에도 미치지 못하여 경제협력개발기구(OECD) 회원국 중에서도 최하위권에 속한다.

법무부에 따르면 집계를 시작한 1994년부터 올해 7월까지 한국에서 정식으로 살 수 있는 권리를 받은 난민은 인도적 체류자 2천465명, 난민 인정자 1천246명 등 총 3천711명이다. 여기에 난민으로 분류되지 않은 아프간 특별기여자 390여 명을 비롯해 우크라이나 전쟁 발발 후 입국한 고려인 피란 동포 1천800여 명, 유엔난민기구(UNHCR)의 추천을 받아 들어온 재정착 난민 186명 등을 더하면 6천 명을 조금 넘어서고 있다.[125]

---

124) 유엔난민기구(UNHCR). 글로벌 동향 보고서. 2022. 06. 16.

난민을 가장 많이 수용한 국가 10위권 내 국가를 살펴보면, 터키(370만 명 이상), 레바논(140만 명 이상), 파키스탄(140만 명), 요르단(290만 명 이상), 우간다(110만 명 이상), 독일(100만 명 이상), 이란(97만여 명), 에티오피아(92만여 명), 수단(91만여 명), 방글라데시(91만여 명)로 집계되고 있다.[126]

통계에서 볼 수 있듯, 난민 대부분이 독일을 제외하면 선진국이나 부유한 국가가 아닌 정국이 혼란하거나 경제적으로 어려움이 많은 개발도상국이나 빈민국에 몰려 있다.

이러한 까닭에 난민의 임시 주거지는 영양실조와 각종 전염병으로 또 다른 전쟁터의 양상을 띠고 있다.

2000년대 들어 우리나라에도 난민의 입국이 이어지며 찬반 논쟁과 사회적 갈등이 깊어지고 있다.

국가적 위상에 걸맞은 책임 의식과 인도주의 정신을 바탕으로 일정 부분 난민 수용에 찬성하는 측이 있는가 하면, 문화적 차이에 따른 거부감뿐만 아니라 점차 어려워지는 국가 경제 위기 상황 속에서 경제적 지원과 일자리 나눔에 대한 반감이 크게 작용하여 반대하는 측이 팽팽하게 대립하는 상황이다.

---

125) https://www.moj.go.kr/moj/2417/subview.do
126) https://amnesty.or.kr/campaign

그러나 세계는 더 이상 나와 너의 구분이 없이 어떠한 방식으로든 연결된 상태로 공존하는 상황이다.

어느 나라와 민족도 단일민족이나 고유문화만을 유지하며 살아가는 세상이 아니다. 나아가 세계 속에 한국, 한류, K컬쳐K-Culture를 자랑스레 외치면서 그에 걸맞은 책임을 외면하며 우리가 그토록 바라는 선진국으로 발돋움할 수는 없는 일이다.

세계 10대 경제 강국에 걸맞게 국제사회의 문제에 참여하고 배려하며 지원하는 자세를 갖추어야 한다.

이제는 난민 수용에 있어서 찬반 논쟁이 아니라 기존의 기준과 절차 그리고 실질적 지원 방안을 보다 현실적으로 구체화하고, 이에 대한 사회적 동의와 화합을 이끄는 방향으로 나아가야 한다.

난민과 이민자들을 수용한 국가들에서 발생하는 문제들을 세세히 살펴 철저히 대비하고 이행하는 것이야말로 당면한 과제이다.

난민의 수가 1억 명에 달하는 현재, 모든 것을 버리고 떠나온 난민들을 수용하고 정착을 돕기 위한 지원과 비용 부담은 불필요하거나 아까운 것이 아니다. 세계 속의 대한민국이 안정되고 발전하기 위하여 부담해야 할 불가분의 책임이다.

기상이론에서 파생한 나비 효과butterfly effect[127]처럼, 오늘날 세계는 지구촌 한구석의 미세한 변화와 문제가 순식간에 전 대륙으로 확산하고 경중의 차이가 있을 뿐 긍정적이건 부정적이건 간에 상호 영향을 주고받기 마련이다.

중국 후베이 성湖北省의 성도省都 우한武漢에서 발생한 코로나19가 순식간에 전 세계를 뒤덮고 지금까지 지속되어 고통받고 있는 것이 바로 그 예이다.

난민은 죄를 짓고 허물이 있어 짊어져야 하는 고통을 겪는 이들이 아니다. 그들도 우리와 같은 평범한 삶을 살던 이웃이고, 우리도 언제든 세계에 도움의 손길을 요청해야 할지 모르는 일이다.

6·25 전쟁으로 폐허 속에 절망할 때, UN의 병력 지원국 16개국, 의료 지원국 5개국, 물자지원국 39개국 등 총 63개국[128]의 도움과 지원이 없었다면, 지금의 대한민국과 우리는 존재하지 않는다.

이제 우리가 또 다른 우리를 돕고 지원해야 할 시간이다.

---

127) 기상 관측한 데이터를 통해 처음 이야기된 효과로, 나비의 날갯짓처럼 작은 변화가 폭풍우와 같은 커다란 변화를 유발시킬 수 있다는 것이다. 즉, 어떤 일이 시작될 때 있었던 아주 작은 양의 차이가 결과에서는 매우 큰 차이를 만들 수 있다는 이론이다. 이 개념은 후에 카오스 이론의 토대가 되었다.

128) 국가기록원. 6.25 전쟁. http://www.archives.go.kr/

다누리 KPLO[129)]

「달아 달아 밝은 달아~」

너나 구별 없이 함께 부르며 영원히 노래 속 환상의 대상이라 여겼던 달이다. 무려 53년 전인 1969년 닐 암스트롱Neil Alden Armstrong[130)]의 달 착륙 영상을 반복하여 보면서도, 달 탐사는 우리에게 격세의 남의 일이라 간주하기를 당연시하였다.

그런데 몇 차례 연기되어 별 기대를 하지 않았던 한국 첫 달 탐사선 다누리가 2022년 8월 4일 19:08(한국 기준 '22. 8. 5. 08:08) 미국 플로리다주 케이프 커내버럴 우주군 기지(CCSFS) 40번 발사장에서 팔콘-9 발사체에 탑재되어 성공적으로 발사됐다.[131)]

발사체가 힘차게 지상을 솟구쳐 정상적으로 분리되고 다누리가 정상궤도에 진입했다는 뉴스를 시청하며 지켜보노라니 갑작스레 비현실적 일이 일어난 것 같아서 이상한 기분이다.

미국을 위시한 강대국들만의 전유물이라 여겨왔던 우주 탐험이라서일까!

---

129) Korean Pathfinder Lunar Orbit

130) 미국의 우주비행사. 6·25전쟁 당시 제트기 조종사로 참전하였으며, 이후 미국항공우주국(NASA)에 들어갔다. 제미니 8호의 선장으로 아제나 위성과 최초의 도킹에 성공하고, 1969년 7월 20일 아폴로 11호로 인류 역사상 최초로 달에 착륙했다.

131) https://www.kari.re.kr/kplo/danuriShip4

우주의 신비에 대한 호기심과 궁금증에 관련 다큐멘터리를 종종 시청하면서도 실제라기보다 영화 속 장면과 이야기처럼 느껴지는 것은 어쩔 수 없었다. 그런데 다누리 발사가 성공적으로 이루어지니, 우리나라도 우주 탐험의 첫발을 내디디게 됐다는 자긍심에 뿌듯한 마음이 들어 절로 기분이 좋아지고 우주에 대한 실체가 이제야 현실로 인식된다.

과학기술정보통신부는 명칭 공모전을 통해, 대한민국 최초의 달 탐사선 명칭을 「다누리」로 선정하였다. 순우리말인 '달'에 '누리다'의 '누리'를 더한 것으로, 달을 모두 누리고 오길 바라는 마음과 한국 최초의 달 탐사가 성공하길 기원하는 의미를 담고 있단다.

다누리는 국내 독자 개발한 궤도선 본체 및 탑재체(5종), 美 NASA 개발 탑재체(1종)으로 구성되며, 2022년 8월 발사 후 약 4.5개월에 걸쳐 달 궤도에 도착, 12월에 임무 궤도 안착 후 1년간 임무를 수행할 예정이라고 한다. 다누리 개발 및 운영을 통해 확보한 우주 탐사 기술은 향후 달 착륙선 개발 등에 활용되며, 달 표면 등 관측 정보는 향후 유·무인 달 착륙 임무는 물론 달에 대한 지식 확장에도 기여할 것으로 기대되고 있다.[132]

---

132) https://www.kari.re.kr/kplo/. 대한민국 최초 달 탐사선다누리 발사 프레스킷.

이 글을 쓰고 있는 2022년 12월 11일 16시를 기준으로, 「현재 다누리는 지구로부터의 거리는 약 47만㎞, 누적이동거리 약 543만㎞, 속력 약 1㎞/s, 발사 후 경과시간 128일 8시간 50분, 달 도착 예정일 2022년 12월 17일, 달에 도착할 때까지 5일 10시간」[133]남았다.

이제 다누리가 달 궤도에 진입하여 우리에게 달에 관한 무궁한 정보를 전해주기까지 채 일주일도 남지 않았다. 그동안 미국 항공 우주국(NASA)의 장대한 프로젝트를 통해 보았던 놀랍고 경이로운 무수한 우주 정보에도 불구하고, 다누리가 보내주게 될 달에 관한 정보는 그 가치와 중함에 관계없이 보다 키하게 여겨져 애착을 느낄 것 같다.

「That's one small step for a man,
one giant leap for mankind.」[134]
이것은 한 명의 인간에게는 작은 발걸음이지만,
인류에게는 위대한 도약이다.

133) https://www.kari.re.kr/kplo/#
134) 인류 역사상 최초로 달에 발걸음을 내딛으며 한 말이라고 알려져 있다.

코로나19

천정부지 물가에 치솟는 금리, 여야 정치인들의 날 선 정쟁 등등 그렇지 않아도 머리가 아픈데, TV 스위치만 누르면 아직도 코로나 얘기다. 내용인즉, 코로나의 종식을 기약할 수 없다는 절망적인 소식이다.

벌써 3년을 넘어 이제 4년째에 접어들어 가는데도 그 끝을 알 수 없다니!

하느님이 적이 원망스럽다. 이 많은 인간이 마음 놓고 편히 살 수 있도록 인간의 생활과 조화롭게 우주를 운용하면서, 어찌하여 끔찍하게 고통스러운 코로나를 껴 넣었는지!

때마침, 막내딸 전화다. 세 식구가 차례로 코로나19에 감염됐단다. 목이 너무 아파 꼼짝도 할 수 없고 먹지도 못한다며, 엄살도 많은 아이가 힘들게 이야기를 전하다 통화를 마친다.

생生과 사死는 하느님 소관이나, 견뎌내고 극복하는 방법은 인간의 소관이다. 하여, 타고 난 지혜와 갈고닦은 지식을 다 짜내어 코로나19로부터 벗어날 방법을 찾아야 한다. 의사의 능력을 빌리는 것도 방법이고, 마스크 착용하기, 수시로 손 씻기, 사회적 거리두기 등 할 수 있는 방법을 찾아 철저히 실천하는 것도 방법이다.

코로나19가 종식되지 못하고 오래 지속되다 보니, 유행병이 창궐하고 새로운 명칭의 전염병이 발생할 때마다, 우리나라는 면역에 필요한 예방약도 완치에 필요한 치료제도 선도적으로 개발을 못 하는가 한탄하게 된다.

국가와 국민을 위하여, 나아가 세계와 인류를 위하여 학문에 매진하고 정진하는 대한의 지성을 절실히 기다리며 애태우는 하루하루가 쌓인다.

사회 그리고 정치

社會 그리고 政治

소임所任[135]

사회에서 인기를 상승시키기 위해서는 겉만 매끈하고 훤칠하게 꾸며서는 아니 된다. 이 같은 피상적인 면도 필요하지만, 그보다는 내실內實을 중시해야 한다. 내실은 인격을 갖추었을 때 자연스레 채워지는 것이다.

그렇다면 인격을 갖추는데 필요한 요건은 무엇일까?

풍요로운 학식, 사회에 대한 깊은 관심 그리고 다듬어진 도덕성이 어우러져 인격을 완성한다. 인격을 갖춘 자는 맡은 바 본문을 지켜 어긋남이 없이 나아가기에 소임을 다하는 사람은 인격자라 할 수 있다.

인격은 여간한 각고刻苦[136]란 각고를 모두 소화하고 탄생한 말이다. 되돌아가 다시 하라면 삼수갑산三水甲山[137]에 가는 한이 있어도 하지 않을 만한 것이다. 다시 말해 소임을 다한다는 것은 그만큼이나 힘이 들고 어렵다는 말이다.

이처럼 어렵고 힘든 것임에도 불구하고 소임은 이해타산이 제각각인 사람들이 모인 세상에서, 평범한 일상이 유지되고 사회와 국가가 안정되기 위한 필수요소이다.

---

135) 맡은 바 직책이나 임무.

136) 어떤 일을 이루기 위하여 어려움을 견디며 몸과 마음을 다하여 무척 애를 씀.

137) 함경남도의 삼수와 갑산이 가장 험한 산골이라 교통이 불편한 오지(奧地)라는 뜻으로, '몹시 어려운 지경'을 이르는 말. 조선시대에 귀양지의 하나였다.

소임은 사회구성원 개개인의 지위 고하地位高下와 임무의 경중輕重을 막론하고 누구든 언제든 어디서든 간에 모두에게 반드시 요구되는 책무라 하겠다. 어느 한 사람이라도 맡은 바 직책에서 임무를 다하지 않으면 예기치 못한 일들이 발생하고 크나큰 화를 피하지 못하게 된다.

따라서 중요치 않은 소임은 세상 어디에도 없다.

2022년 10월 29일 발생한 이태원 참사[138]로 인하여 국민은 큰 충격을 받았고 유가족의 아픔은 가시지 않고 있다.

대통령을 위시하여 행정안전부 장관, 경찰청장, 서울시장, 용산구청장, 용산경찰서장, 용산보건소장, 용산소방서장 등등 내로라하는 고위직 관료들은 유가족과 일부 단체의 퇴진 운동과 사퇴 압박에 시달리며 정치적 사회적 혼란이 지속되고 있다.

사회적 참사는 장기간에 걸쳐 중립적이고 명확한 조사와 반성이 뒤따라야 하기에 섣부른 판단과 결정은 오히려 해가 될 수 있기에 신중해야 한다. 그럼에도 일부에서 관련자들에 대한 퇴진과 사퇴라는 사회적 요구가 단시간 안에 분출됐던 까닭은 이들이 소임을 다하지 못했다는 원성이리라.

138) 2022년 10월 29일 오후 10시 15분경 서울특별시 용산구 이태원동 119-3번지 일대 해밀톤호텔 옆 골목에 핼러윈을 즐기려는 다수의 인파가 몰리면서 300명이 넘는 압사 사상자가 발생한 대규모 참사이다.

소임은 시작부터 마무리가 되는 전 과정의 어느 순간도 흐트러짐이 없어야 한다. 소임의 완성은 과정 중에 어느 순간도 느슨함, 해이함, 허술함, 불철저를 용납하지 않는다. 마무리에 아무리 작은 흠이라도 있으면 명예와 인기는 와주지 않는다.

맡은 바 직책이나 임무에 있어 한치의 소홀함 없이 깨끗이 마무리하면 소임을 다한 것이기에, 비로소 명예와 인기가 뒤따르리라.

차별差別과 차등差等

차별[139], 사람이면 모두가 그리하지 않기 위하여 피해야 할 행위다. 차별하는 행위의 당사자가 되는 것도 아니 될 일이지만, 만에 하나 그 행위의 상대가 자신이라면 죽을 만큼 힘든 일이다. 인간사회에서 차별받아보지 않고서는 이해하기 어려울 만큼 가혹하고 비참한 일이기에 그러하다.

차별은 기본적으로 평등한 지위의 개인이나 집단을 자의적인 기준에 의해 불평등하게 대우함으로써, 특정인이나 특정 집단을 사회적으로 배제하거나 격리하는 비민주적이고 비인간적 행동이다. 인간의 기본권을 침해하기에, 극에 이르는 모멸감과 절망감으로 자존감을 상실하게 만든다.

차별이 만연한 조직이나 사회는 구성원들 사이에 갈등이 극심하고 끊임없이 불안정하여, 일상이 혼란하기에 안정적 발전을 이루기 어렵다.

그러므로 천만번 고려해서 가리도록[140] 해야 한다.

법적으로 차등差等[141]을 두도록 정해진 것 외에는 상대와 상황에 관계없이 차별하지 않도록 말과 글과 행동에 신중을 다해야 한다.

---

139) 둘 이상의 대상을 각각 등급이나 수준 따위의 차이를 두어서 구별함.
140) 가리다-잘잘못이나 좋은 것과 나쁜 것 따위를 따져서 분간하다.
141) 고르거나 가지런하지 않고 차별이 있음. 또는 그렇게 대함.

차별과 차등을 같은 개념으로 알고 혼동하여 똑같이 해서는 안 되는 행위로 인식하나, 차등은 차별과 달리 부정이 아닌 긍정을 위한 객관의 개념으로 사용한다면 오히려 권장되는 행위이고 규정이다.

오히려 상대와 상황에 따라 차등을 두어 적용하는 경우가 엄연히 존재한다.

세상에 존재하는 모든 생물학적 존재뿐만 아니라 형태를 지닌 사물은 각각의 특성이 있고 그에 따른 차이가 있기에 오히려 차등하여 대해야 할 필요가 있다.

같은 건물이라도 평지인지, 산비탈 아래인지, 해안가인지, 지진 발생 위험도가 있는지 등에 따라 차등화된 건축 조건이 적용된다. 마찬가지로 규격화된 공산품도 사용자의 연령, 사용 방식, 사용 환경 등에 따라 원재료에서부터 차등화된 기준을 요구한다. 어린아이용인지 성인용인지, 개방된 공간에서 사용하는지 밀폐된 공간에서 사용하는지, 흡입용인지 분사용인지 등에 따라 구체적이고 세세하게 차등을 두어 조건을 제시한다.

환경과 사물에 적용되는 것과 마찬가지로 사람 간에도 차등하여 대하는 경우가 종종 일어난다.

몸이 불편한 정도나 장애가 있는 신체 부위에 따라, 어리거나 나이 들어 행동에 제약이 따르는 정도에 따라, 말을 듣고 이해하는 정도에 따라, 지식과 지능의 정도에 따라, 기타 등등 수많은 상태와 상황을 살피어 상대의 요청이 없더라고 대가 없이 적절한 도움을 제공하고, 필요한 부분을 배려하여 양보하며, 천천히 말하거나 쉬운 용어를 사용한다.

또한 어려운 정도와 도움이 필요한 부분을 구분하여 사회적 보살핌과 국가적 지원을 하는 등 의무적으로 또는 무의식적으로 개개의 상태와 상황에 따라 차등하여 처리한다.

학생들과 취업 지원자들은 시험을 치르고 점수에 따라 성적을 부여받아 입학이나 입사 여부가 결정되고, 직장에서는 직원 각각의 업무 성과와 난이도에 따라 각기 다른 성과급을 지급하는 것 역시 차등을 두는 것이다.

이러한 차등은 자의적 기준이나 불완전한 판단과 해석이 아닌 객관적 절차와 기준을 적용하기에 차별과 다르다.

차등의 기준이 모두에게 공정하고 명확하며 객관적이고 타당하다면 불만이나 불평이 줄어들고, 차등 행위가 관심과 배려 그리고 존중을 담고 있다면 선한 영향력을 퍼트린다.

이와 같은 차등적 행위와 기준은 차별과 다르게 부정이 아닌 긍정의 의미가 담겨있기 때문이다. 상호 신뢰와 존중을 바탕으로 하기에 질서와 규칙이 견고하게 다져지고 사회에 따뜻하고 안정된 기운을 불어넣는 선순환이 일어난다.

그러나 차별은 누구도, 어떤 조직이나 집단에서도 '씨알도 안 먹히는 일'[142]이다. 앞서 지적했든 차별은 객관적이지 않은 자의적 견해와 기준을 전부라 생각하는 편협함, '나만이 …' 또는 '나와 다른 …'과 같은 지극히 자기중심적이고 편견과 배타적 성향에서 나오는 해악이다.

무엇 무엇이 다르다 또는 같지 않다는 이유로 개인이나 집단의 동등한 권리가 침해되고 그로 인한 차별이 발생한다면 이는 법적으로 처벌받는 문제 이전에 인간의 기본을 망각한 행테다. 인간은 태어날 때부터 동등한 권리를 부여받고 태어났다. 그런데 감히 누가 누구를 차별한단 말이냐!

객관성을 잃은 자의적 기준으로 차별을 받으면 제아무리 절실한 자리라 해도 박차고 나오던가, 아니면 인생을 걸고 싸우게 된다. 그만큼 차별은 감당하기 힘들기 때문이다.

---

142) (말이나 행동이) 조리에 닿지 않거나 전혀 설득력이 없다.

과거 조선의 적서차별嫡庶差別부터 현대사회에 이르기까지 지속되고 있는 성차별性差別, 인종차별人種差別, 빈부 차별에 더해 출신지에 따라, 학벌에 따라, 직업에 따라, 부모의 능력에 따라, 사는 지역에 따라, 정치 성향에 따라, 기타 등등 인간의 존엄성을 해하는 사회적 차별社會的差別이 극심해지고 있는 까닭은 왜일까?

우리 모두에 차별 심리가 내재하고 있기 때문은 아닐까?

나는 차별한 적 없다고, 내가 차별당하지 않는다고 먼 나라 남의 일처럼 생각해도 될 만큼 우리 사회가 공정하고 평등한가 세심히 생각해 볼 일이다. 더 이상 방치할 문제가 아니며, 나부터 깊이 들여다보고 고민해야 한다.

곳곳에 차별이 스며들어 있는 곳에서 과연 어느 누가 진정 편안하고 행복할 수 있겠는가?

모두 패자가 되는 끝없는 전쟁을 끝내고 서로 승자가 되는 길로 나아가야 할 때다.

너와 나의 차이를 인정하고 서로의 다름을 이해하자.

세상에 존재하는 모두는 나처럼, 너처럼, 우리처럼 동등한 권리를 가졌으니 말이다.

가난

가난, 세상 사람 모두가 싫어하는 말이다. 그러나 세상은 가난한 사람 천지다. 가난을 넘어 빈곤에 처한 이들도 부지기수다. 배고파서 음식을 훔치고 굶어 죽는 사람도 있다. 빈곤의 굴레를 벗어날 수 없다는 절망을 이기지 못하여 자살했다는 기사도 연일 이어진다.

그러나 어찌 된 일인지 명절이나 연휴 기간마다 뉴스에서는 온통 모든 비행기 좌석, 여행 상품 그리고 숙박 시설이 매진되었고 해외 출국자 수가 사상 최고 수치를 경신했다고 전한다. 말 그대로 극과 극의 세상에서 살고 있다.

예로부터 「가난은 나라도 구제하지 못한다」는 말이 있다.

선천적 또는 후천적으로 장애를 입거나 예기치 못한 천재지변과 같은 불행을 겪으면 자신의 노력과 의지와 관계없이 가난해지고 만다. 그러나 이 외의 경우 가난한 이들의 십중팔구는 방종이나 나태 등 처신 부족에 의해서 이루어진다. 가난에서 벗어나려면 먼저 스스로 일하려는 의지와 열심히 일하는 자세가 있어야 한다. 스스로 빈곤에서 벗어나 성공하겠다는 의지를 갖고 게으름, 나태, 사치, 허영, 방탕한 생활 습관이 있다면 이를 온전히 탈피하는 각고의 노력이 있어야 가난의 늪에서 빠져나오는 것이 가능하다.

「가난한 사람을 구제하기 쉽지 않다」는 옛말 또한 가난에서 벗어나려는 당사자의 의지와 노력이 가장 중요함을 뜻한다.

조건과 환경에 자포자기하거나 포기하지 않고 노력하는 이에게는 반드시 그에 따른 결실이 뒤따라 가난에서 벗어날 수 있다. 주위 사람과 비교하고 남 탓이나 사회 탓을 하기 전에 먼저 내 생활 습관과 소비 행태를 숙고하고 한시도 주저하지 말고 분발하고 분발하여 여유로운 환경을 이루도록 고통을 감내해야 한다.

하여, 가난을 벗어나 재기하는 것 또한 포기하지 않는 한 몇 번이고 가능하다.

이와 다르게 개인의 자활 의지와 노력에도 불구하고 가난과 빈곤의 늪에서 벗어나지 못하는 경우가 있다.

이는 우리가 사는 세상에 그 이유가 있다. 가난과 빈곤의 굴레에서 벗어나려면 단순히 열심히 일하여 돈을 버는 것으로 해결되는 것이 아니라 인간적 삶을 누리기 위한 최소한이 아닌 기본적 수입 그 이상이 뒤따라야 한다. 그러나 부모의 경제적 능력에 따라 학업과 취업에 직접적 영향을 받는 자본주의 사회에서는 출발선부터 달라지기에 각자가 원하는 도착지에 가는 길이 천차만별이고, 이 과정에서 가난과 빈곤의 굴레를 벗어나기 어려운 상환에 처한다.

따라서 국가와 사회는 사회구조적 원인을 점검하여 이들에 대한 제도적 뒷받침을 강구하고 적절한 도움을 제공해야 한다.

때로 빈곤은 사회적 뒷받침 없이 개인의 노력만으로 벗어나는 것이 매우 힘들기 때문이다.

지금 가난하다면, '나는 왜 가난한 것일까?' 스스로 질문을 던지고 답을 찾아야 한다. 깊이 생각하고 타당한 이유와 올바른 해법을 찾아 이를 실천하기 위한 노력에 게으름이 없어야 한다.

가난의 늪을 벗어나고 경제적 풍요를 누리는 것은 쉽게 오는 것이 아니나, 결코 불가능한 것도 아니다.

가난의 길과 부富의 길은 365일 언제든 양방향으로 문이 열려 있다. 어느 길로 들어서 어떤 문을 여는지는 자신의 발걸음에 따른다.

극과 극의 세상은 혼란하고 불안감이 가득한 세상이라 모두가 편안하기 어려운 사회다. 부의 대소에 상관없이 사회구성원 모두가 고루 안녕을 누리고 사는 세상이 사람 사는 세상이다.

신문新聞

세상 사람 중에 새것을 싫어하는 사람이 있을까? 아마도 새것이 싫다는 이는 찾기 어려우리라. 특히, 매일 매일 새것이라면 더더욱 좋아하지 않을까!

아침마다 눈을 뜨기 바쁘게 문을 열고 나가, 반갑게 맞이하는 신문 - 내가 가장 좋아하는 새것이다. 외형이 매일 매일 새것인데 그 안에 담긴 내용물까지 매일 매일 새것이니 어찌 좋아하지 않을 수 있을까!

어려서부터 매일 신문을 통해 격동과 격변의 한국 사회와 세계정세를 살펴보는 것은 학교 공부에서 얻는 새롭고 깊은 지식과 다른 유형의 즐거움이었다. 그 즐거움은 구십 세를 바라보는 오늘까지 변함이 없다.

하루가 다르게 과학기술이 발달하여 깊은 새벽에도 태평양 건너에서 방금 일어난 일들을 알 수 있을 만큼 정보를 습득할 수 있는 즉각적이고 손쉬운 매체들을 24시간 접하면서도, 신문은 여전히 반가운 마음으로 기다리는 새것이다. 휘발유 냄새가 아직 가시기 전의 활자가 빼곡한 반듯한 종이 뭉치는 단순히 정보를 얻을 수 있는 것 이상의 의미를 지니기 때문이다.

젊어서부터 반세기半世紀[143] 가까이 「동아일보東亞日報」를 구독했다.

내 젊은 시절은 동의하지 않는 이들도 있겠으나, 「동아일보」가 대중적인 일간지였고 월간지로 「신동아新東亞」를 정기구독하며, 한국 사회와 세상을 깊이 알고 이해하려 애썼다. 그러나 어느 시기가 되자, 이 신문과 월간지는 나에게 더 이상 반가운 새것이 아니었다.

하여 일간지는 「한겨레」로 월간지는 주간지인 「시사인」으로 정기구독을 바꾸어 다시 새것을 기다리고 함께하는 즐거움을 지속하였다. 그러나 「한겨레」와 「시사인」의 즐거움은 40~50년을 함께 한 「동아일보」와 「신동아」처럼 그리 오래 가지 않았다. 다시 일간지를 살펴 「경향신문京鄕新聞」이 현재까지 20여 년의 아침을 함께 하는 새것이다.

신문은 「사회에서 발생한 사건에 대한 사실이나 해설을 널리 신속하게 전달하기 위한 정기 간행물」이라는 사전적 뜻으로만 본다면 어느 신문이건 내용이 같아야 한다.

그러나 '해설'이라는 단서에 주의를 기울여야 한다.

내용은 하나이나 표현이 다르고, 해석도 다르며, 은연중 내포된 의미와 전달하고자 하는 목적도 다르게 만드는 것이 바로 '해설'이다.

---

143) 한 세기의 절반. 50년을 이른다.

각 신문사의 논조論調에 따라 기사 내용이 선택되고 해설의 방향이 정해지면서 독자의 취향을 이끌어 가거나 반대로 독자의 취향에 맞추어 나가기도 한다.

내가 가장 긴 시간 구독했던 동아일보는 처음부터 민족지를 표방하고 1920년 4월 1일에 창간되었다. 서울신문과 조선일보에 이어 세 번째로 역사가 오래된 일간지로, 창간호부터 현재까지 동아일보의 사시社是[144]는 다음과 같다.

1. 본보는 민족民族의 표현기관表現機關으로 자임함
2. 본보는 민주주의民主主義를 지지함
3. 본보는 문화주의文化主義를 제창함[145]

50여 년 가까이 「동아일보」를 구독했던 이유는 바로 위 사시와 나의 취향이 부합했기 때문이라 하겠다.

그러나 여전히 「동아일보」의 사시와 나의 취향이 바뀌지 않고 그대로이건만, 반세기에 가까운 시간을 함께한 「동아일보」를 떠나게 된 까닭은 무엇일까?

---

144) ① 회사나 결사(結社)의 경영 방침이나 주장.
② 신문사 창간 시, 신문 발행의 방향 요약으로 창간사라 할 수 있다.
145) https://www.donga.com/dongailbo. 핵심가치.

이는 「동아일보」의 사시가 글자는 변함없으나 해설이 달라져 더 이상 민족의 표현기관으로 자임하지 아니하고 민주주의를 지지하지 않으며, 문화주의를 제창하지 않는다고 느끼는 나의 해석 때문이리라.

현재까지 20여 년을 구독하고 있는 「경향신문」의 사시는 몇 차례 변경되어 1990년부터 현재까지 다음과 같다.

진실 공정한 보도와 논평을 통해 할 말은 하고 쓸 것은 쓰는 사회 공기로서의 사명을 다한다.

부정부패, 폭력을 배격하고 자유, 정의, 인권을 수호하는 데 앞장선다.

의회민주주의와 시장경제를 발전시켜 민주복지국가를 완성하는 데 전력한다.

민족의 이익을 도모하고 조국의 밝은 미래를 창조하는 데 선도적 역할을 수행한다.[146)]

참으로 당당하고 명료한 언론사의 대의라 할 수 있다.

---

146) 경향신문, 나무위키.

그렇다면 「경향신문」은 자사自社가 내세운 사시를 충실히 따르고 온전히 이행하여 언론사로서의 정도正道를 지키고 있는가?

'그러하다' 답하고 싶으나, '그러하지 못하다'라고 답하지 않을까!

구독자 입장인 내 생각이 그러하다. 그럼에도 여전히 아침마다 이러한 새것을 기다리며 함께하는 까닭은 나의 취향과 해석에 딱 맞는 신문은 있을 수 없기 때문이다.

신문을 읽는 사람은 각자의 취향이 있고 편향성을 지니기에 생각과 가치관에 반하는 기사에는 심히 불편함을 느끼고 심지어 가짜 기사라고 단정斷定하여 무조건 배척하며, 종일 체한 것처럼 불편해하는 이가 있다. 그와 반대의 경우는 오직 그 기사만 사실이고 진실이라 굳건히 믿으며, 종일 몸이 가볍고 근심할 일이 없어 하기도 한다.

이러한 까닭에, 신문사들은 더 많은 구독자를 확보하기 위하여 또는 언론사 사주나 신문사가 가진 정치적 지향에 따라서 사실을 왜곡하는 일이 비일비재非一非再[147]하다.

언론이 지녀야 할 정도正道를 지키지 못하고 그 반대의 길로 가는 이유이다.

147) 같은 현상이나 일이 한두 번이나 한둘이 아니고 많음.

신문사의 정치적 편향성, 양질의 기사 부족, 광고와 협찬으로 도매되는 지면 등으로 종이신문은 신뢰도 하락과 맞물려 일상에서 거의 밀려난 실정이다.

내가 사는 단지에서도 신문을 구독하는 가정이 오직 내 집 하나뿐이라니, 실감이 난다.

나이에 상관없이 조그마한 스마트폰과 컴퓨터 속 화면을 쓱쓱 넘기며 다양하고 많은 기사와 정보를 빠르고 쉽게 습득하여 '더 이상 종이 신문은 필요 없다'라고 생각하고 말하는 이들이 세상 대부분을 차지하는 오늘이지만, 나는 끝까지 종이 신문과 작별하지 못할 것이다.

같은 글자이지만 화면 속 글자와 「휘발유 냄새가 아직 가시기 전의 활자가 빼곡한 반듯한 종이 뭉치」의 글자는 읽고 생각하고 이해하는 방식이 다르게 작동하여 단순히 정보를 얻을 수 있는 것 이상의 의미를 지니기 때문이다.

어느 날 더 이상 종이 신문을 볼 수 없다면 참으로 허전하고 아쉬운 마음이 클 것 같아 벌써 마음이 무겁다.

휴대전화

흔히 '스마트폰'smart phone이라 부르는 휴대전화는 현대인에게 따로 존재하는 물건이 아니라 「나 자신」 또는 「바로 나다」할 정도로 분신과 같은 존재가 되었다.

그 어떤 사람이나 물건을 뛰어넘어 집착과 의지의 대상이 되었다.

가족은 잠시 잠깐 안 보여도 괜찮고 심지어 없어도 되지만, 휴대전화 없이는 살 수 없다 하는 이들도 볼 수 있을 정도다. 이는 나이와 성별에 관계없이 정도의 차이만 있을 뿐 현대사회를 살아가는 다수에게 적용되는 진리처럼 보인다.

시간과 장소, 거리와 위치에 제약 없이 서로의 안부를 묻고, 업무를 처리하고, 영상 통화를 하고, 사진과 동영상을 촬영하고, 녹음하고, 화상회의를 하고, 메일을 주고받고, 때가 되면 알림을 받고, 어울려 게임을 하고, 각종 티켓ticket을 예약하여 발급받고, 세상 존재하는 모든 물건을 주문하고, 선물과 용돈을 주고받고, 주식 거래를 하고, 모든 프로그램을 시청하고 영화를 관람하고, 음악을 듣고, 뉴스를 보고, 택시를 부르고, 각종 교통 요금을 결제하고, 영수증을 보관하고, 다양한 관심 분야를 공부하고, 글을 쓰고, 그림을 그리고, 음악을 만들고, 개인 방송을 하고, 영화 제작을 하고, 손전등이 되어주고, 집 안의 가전제품을 켜고 끄고, …, …, …, …, …, …, …, …, …

휴대전화는 일상에서 시공간의 제약 없이 그 모두를 나열하기 불가능할 정도의 일들을 하게 하고 또는 할 수 있게 한다.

소위 만능키萬能key[148]와 같으니, 다수의 현대인은 분신이라 느끼는 것이다.

특히 '실시간'에 집착하여 휴대전화를 손에서 내려놓지 못하는 사람이 늘어나고, 퇴근 후에도 업무의 연장이 지속되어 '저녁이 있는 삶'은 그저 정치꾼들의 허울 좋은 구호에 불과한 실정이다. 이래저래 낮에도 밤에도 피곤이 쌓인다.

휴대전화가 생활 속 일부분이 아니라 삶 자체가 되고, 사람이 이를 사용하고 다루는 게 아니라, 휴대전화가 한 개인의 삶 전체를 담당하고 지배하는 지경이다.

분신을 넘어 주객主客이 전도된 상태다.

어떤 이는 휴대전화가 없으면 시각장애인이 지팡이 없이 길을 나서는 것과 다름없는 두려움을 느낀다고 말한다.

휴대전화 속 세계가 곧 자신이라 여기고 현실과 가상 세계를 구분하지 못하며, 실체와 허상의 경계가 무너지는 이들이 늘어날수록 예기치 못한 사회적 문제들은 계속 발생할 것이다.

---

148) 어떠한 일이든지 해결할 수 있는 방법이나 요소를 비유적으로 이르는 말.

휴대전화의 장시간 사용과 의존증은 기술 발달의 긍정적 면과 반대로 부정적 영향 또한 급증하여, 스마트폰 증후군[149], 스마트폰 노안, 스마트폰 좀비[150], 사이버 불링cyber bullying[151] 등 새로운 유형의 사회적 문제를 지칭하는 신조어들이 꾸준히 등장하고 있다.

식당에서 건너 식탁에 앉은 가족을 보니, 초등학교에 입학하지도 않은 어린아이가 식사에는 도통 관심이 없이 스마트폰에 고개를 파묻고 있어도 아이의 부모는 관심이 없이 제각각이다.

어쩌다 예까지 이르렀을까, 걱정을 넘어 근심이 깊어진다.

---

149) 스마트폰을 과도하게 사용하여 생기는 신체적인 부작용. 주로 손가락 끝과 목 뒤가 뻐근해지거나, 거북목 증후군, 목 디스크, 안구 건조증 따위의 증상이 나타난다.

150) 정면을 보지 않고 스마트폰만을 들여다보며 길을 걷는 것이 좀비처럼 보인다는 의미에서 나온 말이다. 이들은 스마트폰 사용에 몰입해 주변 환경을 인지하지 못하고 걷기에 사고 위험도가 높다. 네이버 오픈 사전.

151) 사이버상에서 특정인을 집요하게 괴롭히는 행동 또는 그러한 현상을 일컫는다. 즉, 소셜네트워크 서비스(SNS), 카카오톡 등 스마트폰 메신저와 휴대전화 문자메시지 등을 이용해 상대를 지속적으로 괴롭히는 행위를 일컫는다.

혁신革新

인간 만사는 단 한 순간도 쉼 없이 전진하고 발전하는지라, 조금 전에 한 일도 되돌아보면 보다 새로운 면이 보이기 일수다. 그래서 사람들은 끊임없이 지난 것을 되돌아보고 또 되돌아본다.

이를 통해 조금이라도 보다 나은 면이 있다면 반드시 또 지체하지 않고 고쳐 나가야 한다.

매사 깨어있는 사람은 진일보進一步[152]하기 위하여 발버둥을 치고 산다. 고작 한 발자국이라 생각할지 모르나, 바로 그 한 발자국의 차이로 너와 나의 위치와 모습이 달라진다.

오늘의 한 발자국이 매일 매일 쌓이고 쌓여 태산 같은 차이를 만들어내기 때문이다.

젊은 시절 나란히 앉아 노닥이던 친구가 어느 날 정신을 차리고 살펴보니, 저 높이 올라서서 다가서기 어려운 위치의 의자에 앉아있는 현실에 직면할 때 심정은 차마 가늠하기 어려운 뼈아픈 현실이다. 제자리에 안주하고 현실에 마냥 만족한 이와 다르게, 한 수 빨리 혁신의 중요성을 깨닫고 매일 매 순간 변화와 쇄신刷新[153]에 눈을 뜬 증거다.

152) 한 걸음 더 나아간다는 뜻으로, 한 단계 더 높이 발전해 나아감을 이르는 말.
153) 그릇된 것이나 묵은 것을 버리고 새롭게 함.

이 얼마나 엄중하고 또 엄중한 현실인가!

'한 수 빨리', '두 수 앞서', '세 수 멀리 내다보고' 진행하는 혁신은 어찌어찌 얼렁뚱땅 이루어지는 것이 아니라 평상시 남이 모르는 주의를 기울이고 살아온 노력의 덕이다.

오늘날과 같은 각박하고 숨 막히는 경쟁사회에서 살아남아 원하는 뜻을 이루려면 새로운 일의 발견과 추진에 타의 추종을 불허하는 혁신에 혁신을 거듭하고 각고에 각고의 노력을 기울일 때 이룰 수 있는 영화로움이다.

오명汚名[154)]

이름이 더러워지다 - 즉 명예가 더럽혀진다는 말인데, 실제 이 입장에 직면한다면 시시한 일이면 몰라도 중대한 일이라면 목숨까지도 내놓아야 할지 모른다.

당하는 사람에게는 사형선고나 다름없다.

물론 그에 상당한 허물이 있어 당하는 오명이야 당해 싸지만, 별 허물이 아닌 사유나 억울하게 오명을 뒤집어쓴 사람은 청천벽력 같은 절망을 감당키 어려우리라.

어쩌면 단 한 번의 오명으로 영원히 재기하기 불가능하여, 참으로 험할 만큼 엄중한 말이다.

대학교수인 우철은 틈틈이 시간을 내어 『○○발달사』 한 권을 출간했다. 얼마 지나지 않아, 시기가 심한 친구로부터 자신의 책 일부를 도용했다는 제소를 당했다.

우철의 견해는 전혀 아니나, 시비는 딱 질색인 완고한 성격에 바로 교직을 던졌다. '세상에서 오명이 가장 무섭다'라는 우철의 입장에서는 사직이 가장 쉬운 방법일 밖에 없었던 것 같다. 명예를 본분으로 하는 교육자이자 공직자가 사직이라는 희생, 그것 말고 무슨 방법이 있겠는가!

154) ① 더러워진 이름 또는 명예.
② 누명.

오명이 더 무서우니….

누구나 세상을 무사히 살려면 앞날을 살피고 또 살펴야 하지만, 지난날은 더욱더 살펴야 한다. 명예는 지나오며 쌓은 결과이기 때문에, 한번 문제가 생기면 과거에 쌓은 것 전부가 시비是非[155]에 상관없이 말소되기 때문이다.

명예 - 이를 얻기 위해 또한 그에 이르기까지 피맺힌 노력으로 성취한 자산이, 오명으로 똥물을 뒤집어쓰고 없어진다니 상상이나 할 수 있을까!

명예를 지키기 위하여 차라리 목숨을 버리는 이들의 심정을 누가 감히 다 알 수 있겠는가만, 가히 이해할 수 있는 까닭이다. 뜻있는 사람에겐 목숨에 비길만한 명예가 한 때의 실수로 오명으로 전락하게 되면 모든 것이 끝난다.

하늘이 무너지는 난관에 부딪히기 전에 호리毫釐[156]의 실수도 없도록 앞과 뒤뿐만 아니라 좌우左右를 세심히 돌아보고 또 돌아보며, 살피고 또 살피며 살아야 한다.

---

155) ① 잘잘못. 옳음과 그름.
② 옳으니 그르니 하는 말다툼.
156) ① 자나 저울 눈의 호(毫)와 이(釐).
② 몹시 적은 분량의 비유.

사기 詐欺

사기는 교묘한 수법과 달콤한 속임수를 이용하여 타인에게 경제적으로 뿐만 아니라 정신적으로도 돌이키기 어려운 큰 피해를 입힌다. 주먹으로 내려치는 행위보다 잔악하고 증오스러운 행각이다. 작게는 푼돈을 잃고 잠시 감정이 상하는 것으로 끝나면 다행이나, 크게 당하는 입장에 처하면 당사자는 목숨을 버리기까지 한다.

요새 한참 잘나가는 전자 담배 무역에 손대면 떼돈을 번다는 말에, 성칠은 아내의 만류를 뿌리치고 힘들게 모은 돈을 끌어 모아 판수를 따라 중국으로 갔다. 무역을 위해 중국에 상주한다는 낯선 사람이 '당신은 이제 갑부가 될 거다'라는 말에, 성칠은 꾸려온 돈을 겁 없이 내주었다. 하룻밤을 자고 나니, 운 좋게도 물건을 곱으로 확보하게 되었다며 추가로 물건 대금을 요구하자 빚을 내어 더 주었다.

그러나, 그것이 마지막이었다. 경찰까지 합세해 수소문하고 추적했으나 중국에 상주한다는 그 낯선 사람을 다시는 보지 못했다. 성칠이 겪은 사기 소식을 건너 건너 들은 가까운 이들은 성칠의 돈을 갖고 사라진 사기꾼보다 성칠을 핀잔했다. 아마도 그의 지나친 욕심과 세상사 쉽게 생각함을 탓하는 것이리라!

보복報復

절대 해서도, 있어서도 안 되는 보복. 그러나 끊임없이 반복되고 반복되어 적이 염려되고 불안한 세상이다.

대개 보복은 반사적인 반복이 따른다. 그래서 단념해야 한다. 단념을 단행할 수 있는 사람은 그 단념의 몇 곱절 반사 이익을 누리게 될 것이다. 세월이 흐른 뒤에 알게 된다.

용복이는 정권이가 눈을 훤히 뜨고 내 아파트를 빼앗아 갔다고 보복을 벼르고 있다. 정권이 말로는 정당하게 추첨하여 당첨됐다 하는데, 용복이는 '정권이가 뒤에서 담당자를 꼬드겨 부정하게 자신이 받을 아파트를 분양받았다'라고 주장했다.

정권이는 '아무렴 그게 어디 꼬드겨서 되는 문제냐?'고 설득하여도 막무가내다. 용복이는 순간을 참지 못하고 정권에게 칼부림하고 말았다.

조금만 신중하면 알 수 있는 일임에도, 그 조금을 신중하지 못해 씻지 못할 과오를 범한다. 보복은 집요한 집념을 버리지 못하는 데서 오는 반드시 버려야 할 행위이다.

내 주변에 나에 대한 보복이 도사리고 있다 상상해 보라!

참으로 끔찍한 일이 아닌가!

보복 - 단념하라. 복이 온다.

저항抵抗

저항 – 듣기만 하여도 정신이 번쩍 날 정도로 강력한 어감이다. 「어떤 힘이나 조건에 굽히지 아니하고 거역하거나 버팀」이니 당연하다.

나치에 저항한 프랑스의 단체인 레지스탕스Résistance[157]도 그 의미가 바로 '저항'이다.

어떠한 유형이건 간에 저항은 물러서지 않고 꺾이지 않는 용기를 바탕으로 한다. 그러한 용기가 없다면 시도조차 하기 어려운 행동이고 태도라 할 수 있다.

대한민국의 저항 역사는 실로 세계 그 어느 나라와 비교하기 어려울 만큼 길고 강인한 생명력을 지니고 있다.

한반도 최초의 왕조인 단군조선 이래 지금에 이르기까지 역사적으로 수많은 외세의 침략에 맞서 전쟁을 치르고 일제 식민 지배의 긴 터널을 지나며, 결코 어느 한순간도 포기하지 않고 주권을 되찾아 독립된 주체로 살아가기 위한 처절한 저항을 멈추지 않았다.

만주벌판을 호령하던 선조의 기개와 목숨을 바쳐 조국 독립을 위해 헌신했던 독립운동가들의 후손이기 때문일까!

---

157) 제2차 세계대전 당시 나치의 점령에 저항하여 유럽, 특히 프랑스에서 일어난 지하운동 및 단체

해방된 조국의 자유와 평등 그리고 민주주의를 쟁취하기 위하여 - 어린 여공女工부터 대학생과 지식인 그리고 일반 시민들에 이르기까지 - 차가운 길거리에서 최루탄 가스와 군홧발과 곤봉의 내리침에도 목놓아 '자유' '평등' '민주'를 외치며 국민이 주인인 세상을 위해 쉼 없이 저항하고 저항했다.

저항이 클수록 억누르려는 힘 또한 비례하여 커지기 마련이다. 그리고 그러한 힘은 독단적이고 물리적이며, 폭력적인 경우가 일반적이다.

이에 겁먹고 두려워 포기하고 좌절하는 사회와 세상에는 희망이 없다.

불의와 부정에 침묵하지 않고 독재와 탄압에 맞서 싸우는 사회, 물러서지 않고 꺾이지 않는 용기를 지닌 저항이 살아있는 세상 - 인간이 인간답게 살아가는 희망이 있는 사회이고 빛나는 세상이다.

여론輿論

여론輿論[158]이나 중론衆論[159]을 그냥 떠들어대는 말이라 생각하여 무관심한 사람은 사회적 관심이 부족해도 한참 부족한 사람으로 훗날 두고두고 후회하기 마련이다.

천태만상 사람들이 모여 사는 세상은 끊임없이 다양하고 복잡한 문제가 발생하며, 이해관계가 다르기에 다양한 주장과 해법이 혼재하기 마련이다. 이 가운데 가장 많은 지지를 받거나 지향점을 제시하는 것이 바로 여론이다. 정치·경제·외교와 같은 국가 정책과 결정에 영향을 미치고 새로운 제도를 도입하거나 기존의 제도를 개편 또는 폐지하는 등 사회를 이끌어 가는 나침판의 바늘 역할을 하므로 여론을 향한 눈과 키는 항상 열려 있어야 한다.

여론이나 중론에 의해 사회에 두각을 나타내고 지도자로 부상하는가 하면, 이와 반대로 명예를 상실하고 존재가 땅에 떨어지는 처지에 이르는 경우도 비일비재하다.

또한 여론을 세심히 살펴 사회가 필요로 하는 욕구와 욕망을 정확히 파악하고 새로운 서비스와 재화財貨를 개발 및 생산하여 남다른 부富를 이루는 이도 있고, 이와 반대로 세태를 읽지 못해 망하기도 한다.

158) 사회 대중의 공통된 의견.
159) 여러 사람의 의견.

그렇기에 사회 속에 존재하는 이들은 끊임없이 여론에 눈을 뜨고 키를 기울이며 살아야 준비된 사람으로 후일을 도모할 수 있다.

나아가 지도자의 위치에 이르러 사회와 국가를 운영함에 국민의 뜻이 지향하는 여론을 무시하고 독단에 빠진다면, 국가적 혼란을 일으키고 국민의 원망을 사게 되어 불행한 결말을 맞이하게 된다. 지도자는 누구보다 여론을 중히 여기고 그 가치를 소중히 다루어야 한다.

민주사회에서 개인의 권리와 이해는 기본적으로 인정되고 지지받는 가치임이 분명하나, 복잡다단한 현대사회에서 구성원 간 상이한 권리와 이해 앞에서는 여론에 의해 해결책을 찾는 것이 불가피하거나 유일한 해결책인 경우도 있다.

여론은 특정 사회와 국가에 특정한 문제가 발생하거나 일어날 가능성이 있을 때, 구성원들의 다양한 의견과 생각이 모여 격렬한 토론과 타협을 통해 형성된다. 이렇게 형성된 여론은 중립적이거나 최상이 아닐지라도 최선이라는 가치 판단과 희망이 담긴 선택이다. 하여 흩어진 생각과 마음을 모아 당면한 문제를 해결하고 새로이 나아가는 근거가 되어 문제를 해결하고 사회의 안정을 도모하는 원동력이 된다.

여론이 그릇된 방향으로 가지 않고 공공선公共善[160]을 이루기 위한 방향으로 형성되는 근원은 시민 사회 개개인의 냉철한 지성, 폭넓은 교양, 슬기로운 지혜를 쌓기 위한 노력과 실천이 그 바탕이다.

잘사는 사회가 아닌 행복한 사회는 물질이나 기술이 아닌 시민의 자질에 따라 좌우된다. 시민의 자질이 여론의 질을 결정하기 때문이다.

160) 개인을 위한 것이 아닌 국가나 사회, 또는 온 인류를 위한 선.

결속結束161)

「뭉치면 살고 흩어지면 죽는다!」

故 이승만 대통령이 국민 단결을 호소하기 위하여 처음 사용한 말로 알고 있으나, 이 말의 원전은 『이솝 우화Aesop's fable』다.

「United we stand, divided we fall.」
'뭉치면 서고, 흩어지면 넘어진다'라는 격언이다

국가가 위급에 처하여 어지러울 때마다 지도자들은 위와 같은 연설로 국민의 단합을 이끌어 난국을 극복하자고 독려한다. 전쟁에 임하는 장수 또한 출정에 앞서 이처럼 소리쳐 병사들의 투쟁심을 고취 시킨다. 그만큼 결속은 위기와 난관에 봉착했을 때 이를 돌파하고 극복하기 위한 기본자세로 어느 요인보다 강력한 힘을 지닌다.

한 가정에서부터 여느 조직, 사회, 국가 그리고 국제사회 또한 내부에서 또는 상호 간에 한마음 한뜻으로 결속되지 아니하고 분열하면 결국 스스로 패배와 파멸을 자초하여 역사에서 사라진다.

---

161) ① 한 덩어리가 되게 묶음.
② 뜻이 같은 사람끼리 서로 단결함.

무엇보다 국가사회는 뭉쳤을 때 강력한 힘을 발휘한다.

그러려면 모든 국가 시책施策은 국민의 안녕을 위한 것임을 전제로 하여야 하고, 중요한 사항은 국가의 주인인 국민에게 물어 시행함으로써 하나 된 뜻을 모아야 한다.

국민에게 묻지 아니하고, 자의대로 시행하면 여론에 반하여 혼란과 분열을 야기하고 시행 불가능하여 전면 폐기하거나 새로이 수립해야 하는 시행착오를 겪게 된다.

이는 가정도 마찬가지다.

가정 또한 끊임없이 잡다한 문제가 발생하고 다양한 유형의 어려움이 있기 마련이다. 그럴수록 어른과 아이 사이에도 의견을 모으고 이해를 구하며, 협조하는 마음으로 함께한다면 벗어나지 못할 어려움은 없을 것이다.

만사萬事의 성불성成不成[162]은 결속을 전제로 성사됨으로 '나 하나쯤이야~' 또는 '나만~'과 같은 구성원이 존재하면 가정에서부터 국가사회에 이르기까지 예기치 못한 문제가 지속하여 발생하고 이를 해결하는데 어려움이 따른다.

나아가 작은 문제마저도 쉬이 헤쳐 나가지 못하여 더 큰 어려움에 빠지기 마련이다.

---

162) 일이 되고 안 됨.

사회 속에 존재하는 이라면 누구나 이점을 유념하여 국난의 시기에는 이타적利他的[163] 자세를 지녀야 한다. 아무리 외쳐도 마음으로 뭉치지 아니하면 헛구호에 불과하다.

세상 모든 파탄과 파멸의 원인은 궁극적으로 분열이다.

결속하지 않았기에 흩어지고 사라질 수밖에 없는 것이다.

참된 결속은 우주의 외계인이 지구를 침공할지라도 물리치고 승리할 수 있는 원동력이다.

진실한 마음으로 대의를 위한 결속에 동참하자!

163) 자기의 이익보다는 다른 이의 이익을 더 꾀하는 것.

타협妥協

타협은 그 주체와 요구 조건의 대소大小와 경중輕重에 따라, 그 결과가 미치는 영향은 천차만별이다.

빵떡 하나를 놓고 하는 개인 간 별것도 아닌 소소한 타협에서부터 수십에서 수천 아니 수만 가구의 생계가 걸린 회사와 노조 간 임금과 복지를 둘러싼 팽팽한 타협, 전쟁을 끝내지 못한 남북한의 평화를 향한 간절한 타협, 독도 영유권과 강제 위안부 피해자에 대한 사과와 배상을 두고 한일韓日간 주권과 역사의식을 둘러싼 타협, 단추 하나만 누르면 세상을 흔적 없이 쓸어버릴 핵무기를 저지하여 지구의 종말을 막아야 하는 강대국 간 절체절명絕體絕命[164]의 타협에 이르기까지 당사자와 내용에 한계가 없는 사회적 행위가 타협이다.

이처럼 타협은 대상, 내용, 방법, 시기, 장소 등 어떠한 조건의 한계가 없기에 사람 사는 세상이라면 어디서나 존재하고 무엇이건 다룰 수 있다.

하여 특정 사회의 구성원에서부터 인류에 이르기까지 가벼운 일상과 생존에 관한 모든 것이 연관되어 있으니 이처럼 주요한 사회적 행위가 또 있을까 싶다.

---

164) 몸도 목숨도 다 되었다는 뜻으로, 어찌할 수 없는 절박한 경우를 비유적으로 이르는 말.

빵떡 하나 놓고 하는 개인 간의 타협이야 어찌 되든 관심 밖이어도 상관없으나, 노사 간에, 정부와 노조 간에, 통일을 향한 남북한 간에, 핵전쟁을 막기 위한 세계 강국 간의 타협은 '아니 되면 말고'라는 식으로 끝내거나 체념해도 되는 일이 아니다.

이는 타협이라기보다 생존과 종말이라고 표현하는 것이 적절한 일이기 때문이다.

최근 들어 화물연대노조의 안전운임제를 둘러싼 파업과 이를 둘러싼 정부와 노조의 타협 없는 강대강强對强 대치는 국가의 기간 산업뿐만 아니라 민간 사회에도 크고 작은 피해와 불편을 초래했다.

화물연대노조 파업 기간에 딸아이는 자동차의 주유 경고등이 점등되어 집 앞 단골 주유소에 들렀으나 두 차례나 휘발유가 품절이라 주유하지 못하고 되돌아왔다.

장거리 운행을 할 일이 생기어 더 이상 기다릴 수 없었는지, 가까운 주유소 중에 주유가 가능한 곳을 검색하여 주유를 마치고 돌아와, '서울 도심의 주유소에 휘발유가 품절이라 주유를 못 한다니, 살면서 별일을 다 겪네요. 전쟁이 난 것도 아닌데 말이에요.'라며 어이없어했다.

수많은 시위와 집회 그리고 파업을 지켜보며, 그동안 남의 일이라 여겼는데 딸아이를 보며 타협이 없는 사회의 단면을 실감했던 하루였다.

타협으로 실타래를 풀 수 없는 세상에서 산다는 것 - 그야말로 불안하고 두려운 정글과 같은 세상에서 사는 것과 다를 바 없다. 따라서 타협은 인간 경영에 있어 기본 가치이자, 중요하고 또 중요한 일상이 되어야 한다.

그러나 '불의와 타협'하고 '현실에 타협'하는 타협은 대화와 양보를 통해 상호 간의 배려와 희생을 바탕으로 한 것이 아니기에, 오히려 시간이 지날수록 더 큰 문제가 발생하거나 상호 공존이 아닌 상호 파멸의 길을 걷게 될 수 있다.

진정한 타협은 열린 마음으로 대화와 토론의 장에 기꺼이 참여하고 상호 존중을 바탕으로 나만의 입장에서 한 발짝씩 물러나 배려, 양보, 희생, 대의를 위한 뜻을 모을 때 도달할 수 있는 고귀한 사회적 행위이다.

갈등葛藤 그리고 절규絕叫

2023년 새해가 밝았어도 여전히 시끄럽고 첨예하게 대립하는 몇몇 곳들이 매일 뉴스를 장식한다. 용산의 대통령실, 여의도의 국회 그리고 전국장애인차별철폐연대의 대중교통 점거 시위가 열리는 지하철역이 특히 그러하다.

그중에 대한민국의 장애인 이동권 시위는 갈등을 넘어 절규가 오가는 극심한 대립이 매일 펼쳐져 오가는 이들과 지켜보는 이들 모두의 마음에 생채기가 새겨진다.

전국장애인차별철폐연대의 시위는 2021년 12월 20일, 월요일 오전 출근길에 수도권 전철 5호선 왕십리역에서 출입문과 스크린도어 사이에 휠체어 바퀴를 넣어서 열차 출입문이 닫히거나 오작동을 일으키게 하는 불법 시위를 진행하면서 시작되었다.

그 후로 시위대는 평일 오전 출근 시간대에 수도권 전철 1호선~5호선의 특정 역에서 문이 열리면 열차를 타고내리기를 반복하여 열차의 운행 시간을 지연시키는 등[165]의 시위를 새해에 들어서도 지속하고 있다.

---

165) 2001년부터 2022년 현재까지 대한민국에서 전국장애인차별철폐연대를 비롯한 인권단체들이 장애인 이동권을 요구하며 벌이는 지하철 및 버스 승하차 시위를 말한다. 1999년 이래로 2022년 현재까지 수도권 전철 리프트 추락 사고와 관련하여 총 5명이 사망하고 12명이 중상을 입었다. 위키백과.

시위가 장기간 지속되면서 시위자와 일반 시민들 간에 불편과 불만이 쌓여 또 다른 갈등이 불거지기도 한다. 서울교통공사의 공식 입장에 따르면, 할머니의 임종을 보러 가기 위해 지하철을 타는 승객들이 이들의 시위에 불편해하자, '버스 타고 가세요'라는 발언으로 비판받기도 했다니, 모두가 적이 되는 형국이다.

한 공간에서 함께 살고 또 살아가야 할 이들이 서로를 등지는 것에서 나아가 반목한다는 것은 여간 심각한 일이 아니다. 어린아이들의 사이가 안 좋아도 신경이 쓰이는데, 하물며 어느 단체를 넘어 국민과 국가의 일이라면 염려를 넘어 중대하고 절박하게 다루어야 할 문제이지 미루고 모른 체 하여 될 일이 아니다.

그럼에도 불구하고 다툼이나 싸움과 달리 갈등은 해법이 명확하지 않고 해결이 쉽지 않은 경우가 다반사라 적극적으로 나서기보다 차일피일 미루어 갈등의 골이 더 깊어지게 된다. 갈등의 골이 깊어지고 어느 한쪽이 막다른 길에 이르면 더는 참지 못하고 절규하게 마련이다. 있는 힘을 다하여 절절하고 애타게 부르짖다 보면 과격하고 파괴적인 행위로까지 나아가는 악순환이 일어난다.

절규는 더는 견딜 수 없는 처지의 호소다. 이 정도에 이르면 국가는 더 이상 미적댈 것이 아니라 적극적으로 해법을 찾고 해결하기 위한 제도와 시행에 박차를 가해야 한다. 더 모른 체하면 폭동에 가까운 사태로 번질 수도 있으니, 이야말로 끔찍한 일이다.

일시에 모든 문제를 해결할 수 없음은 분명히 알리되, 최선을 다하여 불편과 부당함을 개선하여 나간다는 확신을 심어주고 실제 그리하여야 한다.

회피와 꼼수는 더 큰 재앙으로 치닫기 마련이다.

갈등은 대소를 떠나 발생하지 않아야 하는 일이나, 복잡다단한 인간사회에서 어디 가당키나 한 일인가!

가정, 사회, 국가 어디서나 갈등을 문제라 여기지 않고 민주사회의 당연한 과정이라 여기는 자세를 지녀야 해결의 실마리를 찾을 수 있다. 그리하면 절규가 사라지고 서로가 적이 아닌 이웃이고 친구가 되는 세상을 누릴 수 있다.

열린 마음, 여유 있는 시선이 필요한 시대다.

부패 腐敗[166]

흔히 '부패'라 하면 일차적으로 음식물의 상함을 생각한다. 음식물의 상함은 시간의 경과에 따른 자연의 현상이라 이를 탓하고 두려워 경계할 일은 아니다. 다만 부패였으니 아까워도 과감히 버려야 한다.

음식처럼 별거 아닌 물건 하나도 썩어 버리게 되면 마음이 상하고 제대로 관리를 하지 못한 탓에 화가 나기도 한다.

하물며 자연현상과 아무런 관련 없는 국가 대사가 그릇되어 부패하면 시간이 지날수록 나라의 근간이 송두리째 흔들리고, 국민의 분노를 넘어 국가와 국민 모두에게 참담한 일이 꼬리에 꼬리를 물고 일어나게 된다.

'부패'의 사전적 정의를 살펴보면, 첫 번째로 「정치, 사회, 의식 따위가 타락함」이라고 설명한다.

한 나라의 정치가 타락하면 그 사회가 타락하고, 사회가 타락하면 그에 속한 시민의 의식 또한 타락한다. 한 나라의 부패는 단지 지도자나 일부 공직자에 한정되지 않고, 그에 속한 수많은 사회 조직, 기업, 단체, 국민 개개인에 이르기까지 구석구석 영향을 미친다.

---

166) ① 정치, 사상, 의식 따위가 타락함.
② 부패균에 의해 단백질 및 유기물이 유독한 물질과 악취를 발생하게 되는 변화.

부패가 만연한 국가와 사회는 오래도록 그 수준을 벗어나기 어렵다. 부패가 시작되면 점점 깊어져 나라는 후진국이라는 탈을 벗지 못하고 국민은 빈곤, 질병, 범죄에 허덕이며 비참한 삶을 살아야 한다.

어느 한 부분의 부패가 일어나면 마치 전염병이 퍼지듯 사회 전반에 걸쳐 부조리가 활개를 치고, 개개인의 의식마저 타락하여 부패가 만연한 혼돈의 세상이 된다. 부패에 그보다 더 한 부패가 쌓이고 또 쌓여 결국은 부패에 짓눌려 질식 상태에 다다르면 어떠한 처방도 하기 어려운 지경에 빠지기 때문이다.

부패는 물고 물리는 특성 탓에 어느 부분에서 꼬리를 끊을 수 없어 한계점에 다다르면 일순간 전체를 무너뜨리고 파멸로 몰아간다. 그리하여 부패는 사회구성원 모두가 가해자이자 피해자가 되는 무서운 범죄이다.

따라서 국가와 사회의 운영을 책임지는 사회 지도층뿐만 아니라 국민 한 사람 한 사람까지도 의식의 타락에 빠지지 않도록 경계해야 한다.

타락의 늪은 깊이의 한계가 없어 빠져나오기 어려운 악의 소굴이니, 첫발을 디디지 않아야 한다.

전횡專橫[167)]

독재는 전횡으로 시작되고 그로 인하여 끝난다.

민주적인 절차를 부정하고 권력이 특정한 개인, 단체, 계급, 당파에 집중되며 견제와 통제를 받지 않는 순간부터 모든 일과 절차는 독단과 독선으로 진행되고 처리된다. 그러한 사회와 국가는 발전과 성장이 정체되고 국민의 의식주는 나날이 곤궁困窮해져 궁극적으로 정권은 파멸에 이르고 나라의 기반마저 위태롭게 된다.

세상사와 인간사는 그 무엇도 일정하게 정해진 바 없이 천차만별千差萬別이고 천상만태千狀萬態여서 각각의 경우와 상황에 따라 복합적 사고와 고찰이 필요하기 마련이다.

따라서 조직과 법체계 내에서 때로는 기존 질서와 규범을 넘어서서 사회구성원들과 이해당사자들 간 다양한 의견과 지식 그리고 지혜가 모여 진지하고 격렬한 논의와 협상과 절충과 협조하는 과정이 필요하다.

작고 크고 가볍고 중하고를 구별하지 않고 심사숙고를 거듭하고 결정해야 실수와 잘못을 방지하고 불필요한 낭비와 피해를 줄일 수 있다.

---

167) 권세를 혼자 쥐고 제 마음대로 함.

다양한 의견수렴을 통한 검토와 점검의 과정이 생략되고 특정한 사람이나 소수 권력 집단의 전횡으로 만사가 결정되면 생각지 못한 곳에서 예상치 못한 문제가 발생하고 일어나지 않을 피해와 피해자가 속출한다.

소 잃고 외양간을 고친들, 이미 무너지고 잃어버리고 다치고 죽어 불평과 불만이 원망과 애통함으로 태산을 이루면, 천지가 개벽하는 변혁이 일어난다.

君舟民水(군주민수) - 임금은 배이고 백성은 물이라서, 水則載舟 水則覆舟(수즉재주 수즉복주) - 물은 배를 띄우기도 하지만 배를 뒤집을 수도 있기에 전횡을 일삼은 독재자와 독재 권력은 국민에 의해 끌어내려지거나 민의民意의 심판을 받게 된다.

그 어떠한 권력도 전횡은 부여받지 않았음을 명심해야 한다.

두 사람만 모여도 자기 뜻대로 좌지우지할 수 있는 것은 하나도 없다. 이를 무시하고 자신만의 생각과 욕심대로 매사를 처리하려는 사람이 많아 주위의 빈축을 사는 일이 왕왕 있다.

여론과 공론을 무시하고 다수의 의사에 반한 처사는 합리성이 부족하고 불공정한 경우가 다반사라 항의와 반대가 끊이지 않음은 당연지사다.

독선, 독단 그리고 독재가 서로 맞물려 전횡이 일상이 되는 것만은 반드시 막아야 한다.

이를 위해 탄생한 제도가 민주주의民主主義[168]다.

다수가결多數可決[169]로 일을 처리하여 훗날의 불평불만과 불공정 불평등한 경우를 미연에 방지하고자 다수의 상식을 존중한 제도다.

완전무결한 것은 찾기 어려워 민주주의 또한 완벽한 제도는 아닐지라도 전횡을 견제하는 다수의 방어기제라 할 수 있다.

안타깝게도 민주주의가 자리 잡은 우리나라와 세계 여러 나라에서도 전횡이 여전히 활개를 친다.

그럼에도 민주주의는 그 힘을 믿고 지켜내어야 할 가치가 있다.

자자손손 살기 좋은 낙원을 유지하려면 특정인과 세력의 전횡은 우리 사회에서 영원히 추방해야 한다.

---

168) 국민이 권력을 가지고 그 권력을 스스로 행사하는 제도. 또는 그런 정치를 지향하는 사상. 기본적 인권, 자유권, 평등권, 다수결의 원리, 법치주의 따위를 그 기본 원리로 한다.

169) 회의에서 많은 사람의 의견에 따라 안건의 가부를 결정하는 일.

내홍內訌[170], 분쟁紛爭[171] 그리고 분쟁分爭[172]

"똥이나 처먹어 이 새끼들아!"[173]

국회 의사당에 난데없이 똥 벼락이 떨어졌다.

「속기록에는 간단히 '장내 소란'이라고만 나와 있지만(...), 실제와는 달리 국회는 순식간에 인분을 뒤집어쓴 국무위원들의 비명에, 진동하는 냄새에, 충격적인 광경을 보고 혼비백산한 의원들까지 한순간에 차마 필설로 다 할 수 없는 아수라장이 되었다.」[174]고 한다.

어련했을까! 상상만으로도 예까지[175] 똥 냄새가 느껴진다.

박정희 정권과 삼성의 결탁으로 사카린 밀수 사건에 대한 정부의 비호가 계속되자, 그간의 계속된 부정과 부패에 국민의 쌓였던 분노는 전국적으로 들끓었다.

여기에 김두환의 똥물 세례가 신문 1면에 대문짝만하게 실리자 온 국민이 통쾌해하며 갈채를 보냈다.

---

170) 집단이나 조직의 내부에서 자기들끼리 일으킨 분쟁.
171) 말썽을 일으키어 시끄럽고 복잡하게 다툼.
172) 갈라져 다툼.
173) 1966년 9월 22일, 국회의원 김두한이 국회의사당(現 서울특별시의회 본관)에서 사카린 밀수 사건에 항의하기 위해 미리 준비한 오물(분뇨)을 정일권 국무총리, 장기영 부총리 겸 경제기획원장관, 김정렴 재무부 장관, 민복기 법무부 장관 등 국무위원들에게 투척한 사건이다.
174) 국회 오물 투척 사건. 나무위키.
175) '여기까지'의 준말.

예나 지금이나 똥물도 아깝다는 생각을 들게 하는 곳이 여의도 금배지들이 모여 있는 곳이 아닐까 싶어 씁쓸하다.

현직 대통령과 여당 원내대표가 여당 당 대표를 향해 '내부 총질이나 하던 당 대표가 바뀌니 달라졌습니다'[176]라며 뒷담화를 주고받다 국회 출입 기자의 카메라에 찍혀 전 국민에게 공개되었다.

이에 질세라 '내부 총질이나 하던' 여당 당 대표는 개인 SNS에 '그 섬에서는 카메라 사라지면 눈 동그랗게 뜨고 윽박지르고, 카메라 들어오면 반달 눈웃음으로 악수하러 오고, 앞에서는 양의 머리를 걸어 놓고, 뒤에서는 정상배들에게서 개고기 받아와서 판다'[177]라는 글을 올려 대통령을 공개 저격했다.

이후로 「羊頭狗肉양두구육」[178]이 온 지면과 방송을 뒤덮고 주고받는 품새가 가관可觀[179]이었다.

---

176) 2022년 7월 26일 윤석열 대통령이 권성동 전 국민의힘 원내대표에게 보낸 메시지 중에서 발췌.

177) 2022년 7월 27일 오전, 이준석 국민의힘 당 대표는 자신의 SNS를 통해 울릉도 사진과 함께 올린 글 중에서 발췌.

178) 양의 머리를 걸어 놓고 개고기를 판다는 뜻으로, 겉보기만 그럴듯하게 보이고 속은 변변하지 아니함을 이르는 말.

179) ① 경치 따위가 꽤 볼만함.

② 꼴이 볼만하다는 뜻으로, 남의 언행이나 어떤 상태를 비웃는 뜻으로 이르는 말.

내홍, 이보다 더 정확하고 분명한 예가 또 있을까 싶은 꼴불견 상황을 대한민국 국민은 두고두고 보아야 했다.

집단이나 조직의 내부에서 자기들끼리 일으킨 분쟁, 즉 내홍은 말썽을 일으키어 시끄럽고 복잡하게 다투는 분쟁紛爭으로 시작된다. 할 일을 하지 않고 해야 할 일도 하지 않으며, 엉뚱한 일을 하기에 시끄럽고 복잡하게 다투는 것이다.

할 일을 하고 해야 할 일을 한다면 내용이 정당하고 절차가 분명하여 반론과 이의가 있을지라도 시끄럽지 않고 다툼이 일어나지 않는다.

온 국민이 바라고 원하는 진지한 토론과 의견 제시가 활발히 일어나면, 국민은 협력과 양보의 고상한 가치를 배우고 따르며, 건설적이고 생산적 방향으로 사회와 국가가 나아가는 원동력이 된다. 그러나 분쟁紛爭으로 내홍이 생기면, 이제 분쟁分爭이 시작된다. 분쟁分爭은 분쟁紛爭으로 내홍이 생겼으니 같은 편끼리 뿐만 아니라 다른 편과 다시 사분오열四分五裂[180] 갈라져 또 다른 다툼이 발생한다.

---

180) ① 여러 갈래로 갈기갈기 찢어짐.
② 질서 없이 어지럽게 흩어지거나 헤어짐.
③ 천하가 심히 어지러워짐.

분쟁紛爭이 내홍內訌으로, 내홍이 분쟁分爭으로, 다시 분쟁分爭이 내홍으로 꼬리에 꼬리를 물고 이어지니, 마침내 똥물도 아까운 사태에 이른다.

죽일 듯 싸우다가도 시간이 지나면 언제 그랬냐는 듯 유야무야有耶無耶[181]로 끝나거나 스스로들 덮어버리고 하하 호호 웃는 바보들의 세상이 된다.

지켜보는 국민도 바보가 된다.

순간, 욕지거리가 나오지 않을 수 없다.

서로 돕고 힘과 마음을 하나로 합쳐도 험난한 국가 경제와 사회 문제를 추스르고 국제 정세의 몰아치는 파고를 간신히 넘을 수 있을까 말까 한 두려운 세상에, 앞장서 이를 해결하고 방법을 제시해야 할 위치에 있는 자들이 예나 지금이나 뒷골목 양아치나 장사꾼 같은 행태에서 벗어나지 못하는 꼴불견의 연속이다.

한국 정치인들은 이 나라 국민과 결이 다른 족속임이 틀림없다.

181) 있는 듯 없는 듯 흐지부지함.

故 이건희 삼성 회장(1942~2020)은 근 30여 년 전, '한국 정치는 4류, 관료는 3류, 기업은 2류'[182]라는 말로 이 나라의 현실을 정의했다. 보통 꼴찌나 낙제에 해당하는 경우를 3류라 매기는데, 한국 정치와 정치인들은 꼴찌나 낙제 수준을 넘어 점수를 매기기 불가능한 바닥이라 정의한 것이다.

용산에 터를 잡은 대한민국 의전 서열 1위의 권력자와 똥벼락이 필요한 여의도의 금배지들은 당장 정신 차리고 먼저 국가와 국민으로 눈과 마음을 바로 두어야 한다.

다음으로 이간離間과 다툼을 멈추어야 한다. 편 가르기와 땅따먹기를 향한 다툼에서 벗어나지 않고서 무슨 일을 할 수 있고 어떤 자격을 가질 수 있겠는가!

자격 없는 이들이 어울리지 않는 자리에 앉아있는 이유는 국민의 책임이니, 나부터 반성해야 한다. 반성에 반성을 거듭하다 보면, 어느 자리도 자격을 갖춘 이가 보이지 않으니 이 또한 낭패다.

일순一瞬, 목숨을 걸고 청춘을 바쳐 이 나라 이 땅을 일구어 온 영웅들과 위인들과 조상들에 송구함을 금할 길 없다.

---

182) 고 이건희 삼성 회장이 1995년 중국 베이징 한국 특파원들과의 간담회에서 한 말.

인간은 끊임없이 아옹다옹[183] 거리며 내 편과 네 편을 따지는 속물근성을 지니고 있다. 인간만큼 영험한 존재가 없으나 이득 앞에서는 이성도 양심도 망각하고 단세포적 동물성을 드러낸다.

그렇기에 위정자爲政者[184]는 속된 세상에서 세상의 아픔을 함께하는 행동하는 지성과 고결한 이상理想으로 열린 눈과 귀와 마음을 지닌 존경받는 자질을 지닌 이가 되어야 한다.

이러한 위정자가 쉼 없이 나오도록 국민은 식견을 갖추고 넓히기 위한 숙제를 좋아하고 즐길 수 있어야 한다.

국민 누구나 노는 것만큼, 먹는 것만큼, 잠자는 것만큼 배우고 익히고 실천하고, 생각하고 반성하고 회고하기를 일상의 숙제로 즐길 때, 내홍과 분쟁이 일상이고 이를 밥벌이로 여기는 거짓 위정자들을 깨끗이 몰아낼 수 있으리라!

과연 내 나라의 앞날은 어떠할까?

한 치 앞도 예측하기 어려워 숙제를 끝마치지 못한 불안함이 남는다.

183) 대수롭지 아니한 일로 서로 자꾸 다투는 모양.
184) 정치를 하는 사람.

안전安全과 편안便安 그리고 평화平和

유튜브YouTube에 올라온 다양한 한국 관련 영상을 보면, '한국은 세계적으로 범죄 발생률이 낮다', '밤에도 새벽에도 길거리를 돌아다녀도 안전하다' '카페에 가방이나 지갑을 놓고 화장실을 다녀와도 사라지지 않는다' 등등의 내용이 심심치 않게 보인다. 한국인보다는 외국인 영상에서 유독 이와 유사한 내용들이 많이 올라온다.

고개가 갸웃거려진다. 정말 우리나라의 범죄 발생률이 다른 나라와 비교하여 현저히 낮은지, 낮과 밤에 아무 거리낌 없이 다녀도 안전하다고 느끼는지, 보안 시설이 잘 갖추어져 있지 않은 곳에서도 절도의 위험이 없는지 의문이 든다.

함께 사는 딸의 사무실이 먼 지방에 있어 한 달에 2~3차례 고속도로를 이용한 장거리 운전이 많은 편이다. 딸아이는 이동 시간을 줄이려 밤 10시가 넘어서야 출발한다. 어두운 길에 운전이 늘 마음에 걸려 낮에 출발하라 일러도 낮 시간대에는 정체가 심한 탓에 때로는 2배 이상 시간이 더 소요되어 어쩔 수 없다며, 조심히 운전하겠다 말하고 어두운 길을 나선다.

그때마다 새벽 2~3시가 넘어 안전히 도착했다는 전화가 올 때까지 잠들지 못하고 노심초사다.

집으로 올라 올 때도 마찬가지라, 늘 걱정이 쌓인다.

늦은 밤 운전을 걱정하는 나와 달리, 딸아이는 운전은 스스로 운전법규를 온전히 지키는 것으로 안전을 도모할 수 있기에 운전 자체는 걱정거리가 아니나, 이를 가벼이 어기는 다른 운전자와 겉으로는 멀쩡해 보이나 실제 어떤 문제를 지닌 사람인지 알 수 없는 이들을 접하는 것이 늘 무섭고 두렵다 걱정한다.

운전하다 보면 별별 운전자들을 마주하는데 제정신이라 하기 어려운 경우들이 비일비재하고, 휴게소에 들러 커피 한 잔을 사려 차에서 내리거나 화장실을 이용하려 들어설 때마다 깜깜한 어둠 속에 주시하는 눈빛을 살펴야 하고 혹여 눈이 마주치면 상대가 사라질 때까지 차 안에서 5분이고 10분이고 기다리다, 사라지는 것을 확인한 후에야 차에서 내린다고 한다.

그만큼 일상이 편안하지 않고 불안함을 느끼며 생활한다는 것이다.

이는 사실 낮이건 밤이건 다르지 않다며 생활이 법이고 법이 생활인 자신에게는 참으로 고통스러운 세상이라 말한다. 모든 일에 자로 잰 듯 살아가는 아이라 무질서와 불법이 판치는 세상은 견디기 힘든 환경이고 이에 편안함을 느끼기 어려우니 더욱 조심하고 경계하는 습관이 몸에 밴 듯하다.

주위를 둘러보면, 일상이 불안하고 두려운 것이 어디 딸아이의 밤길 운전뿐이겠는가?

인도를 걷고 횡단보도를 건너던 행인과 어린이가 차에 치여 중상을 입고 또 사망하고, 미성년자를 유인하여 성범죄를 저지른 평범한 얼굴의 파렴치한 범죄자들이 이웃이고, 성인을 넘어 청소년에 이르기까지 손쉽게 온라인으로 마약을 구매하여 사용하고, 헤어진 옛 연인과 전처의 집과 직장까지 찾아가 가족과 당사자에게 흉기를 휘둘러 무자비한 폭행과 살인을 저지르고, 공장과 건설 현장에서 노동자가 다치고 또 사망하는 기사는 하루도 건너뛰는 법이 없다.

하루 세 끼 식사하고 잠을 자듯 반복되고 또 반복되고 다시 반복된다.

한숨을 쉬며 하루를 시작하고 혀를 차며 하루가 끝난다.

미국, 유럽, 동남아 그리고 아랍 국가 등은 총기 사고와 테러 등 대형 사건들이 빈번하다 보니, 일부 우리나라 사람과 외국인들은 상대적으로 '한국은 안전하다' 여기고 느낄 수 있다.

실제 밤새 술을 마시고 새벽녘이 되어서야 풀어진 옷차림으로 더듬더듬 집을 찾아 들어가는 이들은 '대한민국은 이렇게 안전하다' 할 수 있다.

그러나 공공 화장실을 이용하는 것을 두려워하는 내 딸처럼, 며칠 전 학교 앞 횡단보도를 건너다 차에 치여 사망한 초등학생처럼, 제빵 공장에서 배합기에 몸이 끼여 사망한 젊은 노동자처럼 스스로 법과 질서를 충실히 지키고 위험을 살피며 진중히 생활해도 안전을 보장받지 못하고 일상에 불안을 느낀다면 편안할 수 없다.

위험이 생기거나 사고가 날 염려가 없거나 그런 상태여야 편하고 걱정 없이 좋을 수 있다. 안전해야 편안할 수 있음은 당연한 일이다. 개개인의 일상이 편안할수록 사회와 국가에 평화가 자리 잡을 수 있고 나라 안이 평화로울 때 국제 관계에서도 평화를 위한 적극적 행보를 취할 수 있는 것이다.

언제인지 기억도 나지 않을 만큼 오래전, 한국 노동자들의 사망 사고율을 줄이기 위하여 독일의 노동환경 전문가를 초청하여 조언을 듣는 자리가 있었다. 한국 관계자가 '어떻게 해야 노동자들의 사망을 줄일 수 있습니까?'라는 질문에 독일 관계자는 의아해하며, '왜 노동자들이 일하다 죽습니까?'라는 재질문에 말문이 막혔다는 기사를 읽은 기억이 있다.

그로부터 오랜 시간이 흘렀어도 대한민국은 변화가 없다.

스스로 조심하지 않고 위험을 가벼이 여기며 경거망동하는 경우의 사고와 사건은 때로 사회와 국가의 조직과 법으로도 막을 수 없는 일이다.

더불어 대한민국은 사회와 국가가 위험을 자초하고 부추기는 경향이 크다. 법의 잣대가 이리저리 수시로 기울어지고 공권력은 어린아이 장난감처럼 허술하기 그지없기 때문이다.

무단횡단을 하고, 수영이 금지된 하천과 계곡에 술을 마치고 들어가고, 등산이 금지된 산길을 들어서고, 불편하다고 안전벨트를 착용하지 않고, 바쁘거나 비용이 든다고 기계의 안전장치를 작동시키지 않고 작업하거나 설치하지 않고, 화재 감지기의 오작동이 불편하여 전원을 꺼놓고, 공사 기간을 단축하기 위하여 완전히 양생養生[185]되지 않은 건물에 콘크리트 타설 작업을 강행하고, 올라서거나 기대지 말아야 할 시설물에 올라서고 기대어 추락하고, 초범이고 반성의 기미가 있어 선처에 처하고, 재범이고 죄질이 불량해도 나이가 많고 공무원이었던 점을 감안勘案하여 구속의 필요성이 없어 석방하고, 나이가 어려 죄를 묻지 아니하고, …, …, …, …, …, …, …, …, …, …, …, …

185) 콘크리트가 완전히 굳을 때까지 적당한 수분을 유지하고 충격을 받거나 얼지 아니하도록 보호하는 일.

참으로 안전하지 않은 대한민국, 불안한 대한민국, 평화로울 수 없는 대한민국의 시작과 끝이 줄줄이 줄줄이 비엔나소시지처럼 이어진다.

저급한 시민의식에 더하여 확고하지 않은 법과 체계는 위험하고 불안한 일들을 끊임없이 발생시켜 무고한 피해자와 반성 없는 가해자를 양산하고 두려움과 분노가 뒤엉켜 공고한 평화를 이루기 어렵다.

그저 유튜브YouTube에 떠도는, 사실과 경험에 기초하지 않은 선동에 자아도취自我陶醉하여 현실을 냉정히 돌아보지 않는다면 다음 피해자는 내가 되고, 내 가족이 되고, 친구가 되고, 이웃이 되고, 지역사회가 되고, 내 나라가 된다.

개인에서 사회와 나라에 이르기까지 위험과 불안이 넘치면 거짓 기사와 가짜 뉴스가 창궐하고, 이를 사실과 진실로 믿는 이들이 기하급수적으로 세를 불려 걷잡을 수 없는 혼돈에 빠진다. 안전과 편안은 저 멀리 떠나고 각자도생各自圖生[186]만이 살 길이라는 허무주의와 힘의 논리만이 작용하는 무법천지가 된다. 사람 사는 세상이 아니라 짐승의 세상이 되는 것이다.

186) 제각기 살아나갈 방법을 꾀함.

어느 사회와 국가를 막론하고 행정과 국정은 궁극적으로 평화를 목표로 나아가야 한다. 평화로운 사회와 국가는 그 안에 소속된 개개인이 안전하고 편안하다 느끼는 곳이다.

스스로 범죄를 저지르고 잘못된 선택을 하지 않는다면 불필요한 걱정과 두려움을 느끼지 않는 생활이 일상이어야 평화를 꿈꿀 수 있다.

개개인은 상식과 성숙한 시민의식을 갖추기 위한 배움과 실천이 필요하고 사회와 국가는 확고한 법과 체계로 평범한 이들이 평온한 삶을 영위할 수 있도록 명확하고 일관된 행정과 엄정한 집행이 따라야 할 것이다.

평범한 이들이 어느 날 갑자기 투사鬪士[187]가 되어 거리를 떠도는 세상 - 우리가 사는 지금의 세상이 안전하지 않기에, 편안하지 않기에 그리고 평화롭지 않기에 그리되는 것이다.

안전, 편안 그리고 평화는 어느 개인은 말할 나위도 없고, 어느 사회 어느 국가를 넘어 전 인류의 염원이고 현실이어야 한다!

---

187) ① 싸움터나 경기장에서 싸우거나 싸우려고 나선 사람.
② 사회 운동 따위에서 앞장서서 투쟁하는 사람.
③ 투지에 불타는 사람.

강대국과 약소국 - 선언宣言과 탈퇴脫退

강한 나라는 허세虛勢[188]를 부려도 실세實勢[189]로 보이는데, 약소한 나라는 실세를 부려도 허세로 보인다.

강대국이 내놓는 이런저런 선언이나 탈퇴 성명은 전 세계가 밤새 숨죽이고 그 예후를 주시하며 전전긍긍하지만, 약소국이나 변방국의 외침에는 관심조차 없어 어떤 일이 일어났는지 그 내용은 고사하고 발생 자체를 모르는 경우가 허다하다.

약소국은 생사가 걸린 중요한 의제議題를 내놓고 제아무리 목소리를 높여도 공허한 메아리처럼 흔적 없이 사라지기 일쑤다.

이와 달리 강대국이 약소국을 향해 내던지는 말 한마디는 그 의미에 따라 약소국 전체를 혼란에 빠트리기도 한다.

상대국에 비하여 힘이 부족한 국가는 짐짓 아무렇지도 않은 척하지만 속은 전전긍긍 노심초사하기 마련이다. 해법을 찾고자 여기저기 얼굴을 내밀어 인사를 청하고 손을 내밀어 악수를 청하지만 실속 없는 인사치레에 불과하다.

약소국의 비애悲哀[190]란 바로 이런 것이다.

---

188) 실속이 없이 겉으로만 드러나 보이는 기세.
189) 실제의 세력이나 기운. 또는 그것을 지닌 사람.
190) 슬퍼하고 서러워함. 또는 그런 것.

같은 사안에 서로 다른 결과가 나오고 미치는 영향력이 천차만별이며, 대응하는 방식마저 갑과 을로 나뉜다.

이것이 국력의 차이고 힘의 차이다. 약육강식弱肉强食의 논리는 비단非但 동물의 세계에만 존재하는 것이 아니라 인간 세상 외에 국가 간에도 똑같이 적용되는 냉혹한 원리다.

국력이 앞서는 나라는 이것저것 무슨 선언이 많다. 선언은 약속과 달리 어느 상대를 두고 하는 요구다. 그 뜻이 바르고 정당하다면 상대국도 마땅히 따라야 한다. 그걸 바라고 한 선언이니까!

그러나 선언에도 강대국과 약소국에 따라 명칭이 다르고 국민이 처하는 상황은 완전히 달라진다.

일본은 한일병합韓日併合이고 대한제국에는 경술국치庚戌國恥[191]처럼 일방적이고 부당한 선언인 까닭에 약소국이었던 대한제국의 국민은 목숨을 내걸고 반대해야 했다. 또한 3·1 독립선언서와 같이 주권을 되찾고 지키기 위한 정당한 권리로서의 선언이 있다. 경술국치 이후 숨죽여 분노하고 수치를 감내했던 힘없는 나라의 국민은 또다시 목숨을 내놓고 선언에 동참했다.

191) 1910년 8월 29일 일제에 의해 우리나라의 국권을 상실한 날로, '국가적 치욕'이라는 의미에서 경술국치라 한다.

약소국과 그 국민은 강대국의 선언이 부당하건 정당하건 작은 것을 지키고 되찾기 위해서도 끊임없이 생사生死를 오가는 절벽의 끄트머리에 매달려 살아간다.

선언과 마찬가지로 탈퇴 또한 힘의 원리가 작동한다. 무수한 국제기구에 약소국이 탈퇴하면 별 흔적이 없는데 강대국이 탈퇴를 선언하면 이내 표시가 나고, 이어 해당 기구가 혼란에 빠지거나 존립에 위협을 느껴 아우성친다. 중대한 국제적 안건마다 자국의 이득만을 위해 들고 날고를 자행하는 강국의 행태는 어찌할 길이 없다.

사회적 약자의 설움처럼 약소국의 설움 또한 매한가지다.

강대국의 그러한 행태가 우리나라와 직접적 안건일 경우는 눈알이 튀어나오는 충격을 금할 수 없다.

얼마 전 미국 바이든 행정부가 가결한 인플레이션 감축법 Inflation Reduction Act. IRA.[192]에 국내 굴지의 자동차 회사는 큰 타격이 불가피한 상황이다.

192) 기후변화 대응, 의료비 지원, 법인세 인상 등을 골자로 한 미국의 법으로, 급등한 인플레이션 완화를 위해 2022년 8월 16일 발효됐다. 특히 이 법에서는 전기차 구매 시 보조금(세액공제 혜택)을 받기 위해서는 전기차 제조에서 중국 등 우려 국가의 배터리 부품과 광물을 일정률 이하로 사용하도록 해 전기차 가치사슬에서 중국을 배제하려는 의도가 있다는 분석이 있다. 네이버 지식백과.

이를 저지하거나 수정하기 위한 범정부적 총력전을 펼쳤으나 별 소득을 얻지 못해 앞으로 펼쳐질 상황에 노심초사 중이다. 미국의 중국 견제에 애꿎은 대한민국이 돌멩이가 아닌 돌덩이를 맞은 형국이다.

고래 싸움에 새우등이 터지는 것은 예나 지금이나 변함이 없다.

해방 후 오늘날까지 날만 새면 미국, 중국, 일본, 러시아 그리고 북한에 이르기까지 한반도를 둘러싼 강대국과 주변국의 이런저런 선언이 끊이지 않고, 기氣 싸움도 모자라 경제 전쟁, 군사 전쟁, 역사 전쟁을 펼칠 때마다 이 땅의 국민 모두는 면도칼처럼 신경을 세우고 긴장하며 키추를 살펴야 한다.

뉴스에서 심심치 않게 흘러나오는 BTS, 손흥민, 한류韓流 그리고 세계 경제 대국 10위라는 오라aura[193]는 이상하리만치 느껴지지 않아 서글프기까지 하다.

앞으로도 영원히 방안이 없이 후대에까지 고난이 지속된다고 생각하면 잠이 쉬이 들지 않고 가슴이 꽉 막힌 듯 답답하여 숨쉬기도 불편하다.

---

193) 예술 작품에서 느껴지는 고상하고 독특한 분위기. 또는 독특한 품위나 품격. 규범 표기는 '오라'이고 '아우라'는 잘못된 표기다.

우리의 조상들은 오직 가족을 먹여 살리고 자식을 공부시켜 가난을 벗어나며, 나아가 지식인들은 국가와 민족의 발전과 번영을 위한 대의로 불철주야 일하고 또 일하고, 공부하고 또 공부하여 지금의 풍요와 안정을 가져왔다.

이제 지금의 세대가 개인의 행복과 즐거움, 나만의 풍요와 영달榮達[194]에서 한 걸음 더 나아가 대의大義를 지닌 성취에 뜻을 갖고 힘을 보태야 한다. 현세대는 후세대가 이러한 DNA[195]를 역사와 같이 지니도록 힘써 배우고 충실히 가르쳐야 할 의무와 책임을 지녀야 한다.

나만의 행복과 성공은 그 끝이 길지 않다. 그러나 국가와 민족, 나아가 인류와 역사는 우주와 같은 무한대의 시공간을 지니기에 끝이 없이 계속된다.

이 나라와 후손이 약소국의 비애를 다시는 겪지 않고 진정한 편안을 누릴 수 있도록 오늘을 살아가는 이들의 대의가 절실히 요구되는 나날이다.

---

194) 지위가 높고 귀하게 됨.

195) deoxyribonucleic acid. 유전자의 본체. 데옥시리보스를 함유하는 핵산으로 바이러스의 일부 및 모든 생물의 세포 속에 있으며, 진핵생물에서는 주로 핵 속에 있다. 아데닌, 구아닌, 사이토신, 티민의 4종의 염기를 지니고 있으며, 그 배열 순서에 유전 정보가 들어 있어 그 정보에 해당하는 단백질을 만든다.

코뚜레, 재갈, 멍에, 굴레 그리고 고삐

시골에서 키우는 소를 생각하면 무거운 쟁기를 짊어지고 논을 갈아엎는 안타까운 모습이 떠오른다. 하는 일이 고되고 쉼없이 반복하는 노동의 고통 때문에 안타까운 것이 아니라 소의 몸에 얹혀있는 쟁기 때문이다.

쟁기는 코뚜레[196], 재갈[197], 멍에[198], 굴레[199] 그리고 고삐[200]가 하나를 이루어 작동하는 방식의 농기구다.

쟁기로 하는 쟁기질은 「토양의 상층을 갈아엎어 잡초를 제거하거나 앞에 재배한 작물의 남은 부분을 토양과 섞고, 땅을 다공성多孔性[201]으로 만들어 파종이나 작물 재배를 쉽게 하기 위함」[202]이다.

토양의 질이 높아져 수확량이 증대되기에 농부라면 필히 하는 작업이다. 꼭 해야 하나 힘에 부치니 고안해 낸 것이 소를 이용한 쟁기다.

---

196) 소의 코청을 꿰뚫어 끼는 나무 고리. 좀 자란 송아지 때부터 고삐를 매는 데 쓴다.
197) ① 말을 부리기 위하여 아가리에 가로 물리는 가느다란 막대. 보통 쇠로 만들었는데 굴레가 달려 있어 여기에 고삐를 맨다. ② 소리를 내거나 말을 하지 못하도록 사람의 입에 물리는 물건.
198) ① 수레나 쟁기를 끌기 위하여 마소의 목에 얹는 구부러진 막대.
② 쉽게 벗어날 수 없는 구속이나 억압을 비유적으로 이르는 말.
199) ① 말이나 소 따위를 부리기 위하여 머리와 목에서 고삐에 걸쳐 얽어매는 줄.
② 베틀에서, 바디집비녀 옆에 바디집을 걸쳐 매는 끈.
③ 부자연스럽게 얽매이는 일을 비유적으로 이르는 말.
200) 말이나 소를 몰거나 부리려고 재갈이나 코뚜레, 굴레에 잡아매는 줄.
201) 물질의 내부나 표면에 작은 구멍이 많이 있는 성질.
202) 쟁기. 두산백과.

사람은 편해져 좋을지 몰라도 소는 쟁기와 함께 힘듦과 속박을 타의로 짊어졌다.

쟁기는 물리적 구조와 형태에 있어서 통제, 제한, 구속, 지배의 목적을 지닐 뿐만 아니라 심리적으로 억압과 탄압을 가하는 폭력이다.

쟁기가 지닌 억압적 폭력은 그 구성품과 관련된 용어의 관용적 표현에서 적나라하게 드러난다.

입에 재갈을 물리다 - 함부로 입을 놀리지 못하게 함을 비유적으로 이르는 말.

재갈 먹인 말 같다 - 말문이 막혀 아무 소리도 못한다.

멍에를 메다(쓰다) - 마음대로 행동할 수 없도록 얽매이다.

- 사람이 어떤 일이나 인식에 얽매이다.

굴레를 쓰다 - 일이나 구속에 얽매여 벗어나지 못하게 되다.

굴레(를) 씌우다 - 자유롭게 활동하지 못하도록 구속하다.

굴레(를) 벗다 - 구속이나 통제에서 벗어나 자유롭게 되다.

굴레 쓴 말 - 일이나 구속에 얽매여 벗어나지 못하는 사람을 비유적으로 이르는 말.

고삐를 조이다 - 사태를 조금도 늦추지 않고 긴장되게 하다.

고삐(가) 풀리다 - 얽매이지 않거나 통제를 받지 않다.

깊이 살펴보면 소와 달리 인간은 타인에게 재갈을 물리고 멍에를 메며, 굴레를 씌우기도 하지만 스스로 자신에게 그같이 행하기도 한다. 농부와 소의 관계처럼 일방적인 위치에 있지 않고 스스로 주체가 되기도 하고 대상이 되기도 한다. 어느 쪽에 위치하든 구속과 압박의 기제機制[203]가 바탕이기에 벗어나야 할 관계인 것이다.

권력과 물질 앞에 눈 감고 귀 닫고 입을 닫아 양심과 도덕에 자물쇠를 걸고 그 대가로 맞바꾼 개인의 영달에 취해 행복을 꿈꾼다. 특히, 언론인과 교육 종사자가 이러하면 그 사회는 악취로 숨을 쉴 수 없고 일반 시민들의 정신마저 피폐疲弊해져 미개한 국민과 저급한 국가로 전락한다.

또한 이성적 배움이 부족하여 합리적 사고가 취약하고 그릇된 사상과 편향적 신념에 매몰되거나, 과도한 집착執着과 강박強迫[204]에 사로잡혀 자신이 자신에게 족쇄를 채우기도 한다. 이는 당사자뿐만 아니라 일면식도 없는 타인에게까지 불필요한 제약을 가하여 발전을 저해하고 돌이킬 수 없는 해악을 끼치기도 한다.

203) 인간의 행동에 영향을 미치는 심리의 작용이나 원리.
204) ① 남의 뜻을 무리하게 내리누르거나 자기 뜻에 억지로 따르게 함.
② 어떤 생각이나 감정에 사로잡혀 심리적으로 심하게 압박을 느낌.

인간은 코뚜레도, 재갈도, 멍에도, 굴레도 어느 하나 필요하지 않은 고귀한 존재이다.

자의自意로 또는 타의他意에 의하여 메고 씌운 코뚜레와 재갈과 멍에와 굴레가 있다면 하루속히 내려놓아야 하고 벗어나야 한다. 보고, 듣고, 말하고, 생각하고, 행동하는 자유와 그에 따른 책임을 온전히 지닌 주체이기 때문이다.

삶에 고삐를 단단히 잡고 세상 잡다한 일에 이리저리 흔들리지 않는 뿌리가 단단한 나무가 되고 깊고 깊은 샘이 되며, 맑고 푸른 하늘이 되자!

생각

궁색 窮塞[205]

200 석지기[206] 넉넉한 부모 밑에서, 궁색을 모르고 살았다. 먹고 싶은 것, 하고 싶은 것, 다하며 마음 내키는 대로 살았으니 말이다.

국민학교[207] 5학년 때, 아버지께서 "야야, '木長之敗 人長之德이라', 나무는 큰 나무 덕을 못 봐도 사람은 큰 사람의 덕을 보느니라." 하시며, 서울 유학을 단행했다.

일제 식민지 말기 시골에서 서울 유학이란, 실로 엄청난 사건이다. 온 마을 부러움의 대상이었으니!

서울에서도 두 칸 방에 식모 아줌마가 있어, 전혀 불편을 모르고 지냈다. 학교 식사 시간에도, 하얀 쌀밥에 찬 통에는 한결같이 손바닥 두께의 갈치토막이 놓여있었다.

다른 애들 찬그릇은 거의 다 김치다.

속으로 '서울 놈들이 왜 저러지?'

궁색을 몰랐다.

---

205) 아주 가난함.
206) 한 섬의 씨앗을 심을 만한 넓이의 논밭을 일컫는다. 계량이 정교하지 않던 시기라 일석지기는 약 150평~300평 정도로 495㎡~991㎡로 추정된다. 200석지기는 30,000평~60,000평으로 99,173㎡~198,347㎡에 해당한다.
207) 지금의 초등학교.

어느덧 장성하여 5남매의 아버지가 되니, 지난날의 시절은 꿈에서도 찾아볼 수 없게 바뀌었다.

달만 되면 밀려오는 월세와 공과금에 생활비를 간신히 맞추기 무섭게 6개월마다 돌아오는 연년생 5남매의 대학 등록금과 학비 - 벌고 벌어도 한결같이 궁색하다.

그래도 옛날 가락은 남아, 바라지에 조금도 뒤질 수 없어 전전긍긍 설치고 또 설쳤다.

하루하루 궁색을 실감하며….

무심無心[208]

젊어서 최선을 다한 덕에 사는데 별로 아쉬움이 없어, 홀로인 둘째 딸 외에 출가한 네 아이에게 오라 가라 할 일이 없다. 나 스스로 번잡스러운 것을 싫어하기도 하고 이것저것 신경 쓰느라 애들과 마주할 일도 별로 없다.

그러다 글쓰기를 멈추고 쉬노라니 문득, 아이들이 떠오른다. 본 지가 꽤 된 듯싶다. 교직에 있다 잠시 집에 와있는 둘째 딸에게 출가한 네 아이의 소식을 물었다.

둘째 딸이 이리저리 전화를 돌리고 문자를 보내더니,

"다들 잘 지내고 있대요."라고 전하더니 이어,

"아버지는 건강하셔서 걱정이 없대요."라고 말한다.

무심한 말이다.

무심은 알맹이가 없어, 안이건 바깥이건 그저 그렇다.

평생 자식들 생각에 가슴이 꽉 차 넉넉하였는데, 왠지 한쪽이 텅 빈 듯 허전한 느낌이 든다. 5남매가 대학을 졸업할 때까지 매월, 물을 붓듯 학비를 대느라, 어떻게 죽지 않고 살았을까 할 정도로 고생했기에….

이내 무심이다.

---

208) ① 마음이 텅 빔. 아무런 감정이나 생각이 없음.
② 남의 일을 걱정하거나 관심이 없음.

독서讀書

내 집 곳곳에는 다양한 글과 그림의 액자가 걸려있는데, 거실에서 주방으로 가는 짧은 복도 벽면에 아래의 액자가 걸려있다.

「一日不讀書 口中生荊棘」[209)]

안중근 의사安重根 義士의 유묵 중 널리 알려진 -(일일부독서 구중생형극) 하루라도 책을 읽지 않으면 입안에 가시가 돋는다- 대한민국 사람이라면 어린아이가 아닌 이상 누구나 아는 글귀의 유묵이다.

사람은 하루 세끼 당연하다는 듯 밥을 먹는다. 배가 고파서 먹기도 하지만 배가 고프지 않아도 그저 때가 되어 또는 입이 심심해서 먹는다.

나는 식사를 하러 주방으로 갈 때마다 이 글을 보며 오늘 입안에 가시가 돋진 않았는지, 가시 돋은 입안에 밥을 먹어도 되는지 두려워하며 나의 하루를 되돌아보고 또 되돌아본다.

---

209) 이 오언구는 작자와 시기가 미상인 여러 책에서 좋은 글귀를 뽑아놓은 초학자용 한문 교재에 수록돼 있으나, 원출전은 주지유(朱之瑜)의 『답야절문(答野節問)』에 수록된 사언구 「三日不讀, 口生荊棘; 三日不彈 手生荊棘」 - 3일간 책을 읽지 않으면 입에 가시가 돋고 3일간 가야금을 타지 않으면 손에 가시가 돋는다- 이다.

독서는 단순히 '글자'를 읽는 것이 아니라 '글'을 읽어 인격을 형성하는 과정이다. 많이 읽고 적게 읽고를 떠나 단 한 줄의 글을 읽어도 그 짧은 사이에 인격은 살이 찐다. 인격이 없으면 그저 흔한 동물 즉 형태가 다른 개, 돼지와 다름없다. 사람 아닌 그 어떤 동물도 인격을 갖춘 동물은 없기에, 인격이 바로 사람과 동물을 나누는 기준이고 차이이다.

그토록 고귀한 인격은 지식을 바탕으로 형성되며, 지식은 독서를 통해서 이루어진다.

간혹 종일 책을 끼고 살다시피 하고, 책을 많이 읽는다 하는데도 실수와 어리석은 행동을 반복하고 발전과 변화가 없는 이가 있는데, 이는 '글'이 아닌 '글자'만 읽었기 때문이다.

더불어 책은 망각과 죽음으로 세상에 흔적조차 없이 사라질 수밖에 없는 먼지와 같고, 인생 참으로 덧없다 한탄하는 인간이 고안해낸 기억과 불멸不滅의 장치다.

지구라는 작은 별에 억겁億劫의 시간 동안 셀 수 없이 오고 간 인류의 생활이 역사로, 지식이 지성으로, 지혜가 철학과 종교로, 오락이 예술로 승화하여 호기심 가득한 인간의 욕구와 욕망을 충족시키고 새로운 세계와 미지의 영역을 탐구하는 토대가 된다.

책을 통하여 기존의 지식은 한 단계 더 발전하여 이전에 접할 수 없었던 신비한 세상을 구현하고, 그릇된 판단과 잘못된 행위가 뿌린 참혹한 역사 속에 존재했던 인간의 한계와 어리석음을 반면교사反面教師[210]로 삼아 파멸과 파괴로 가는 우를 줄이는 나침반이 되고 저울이 되어준다.

책은 인간만이 행할 수 있는 사상과 문화와 예술을 창조하는 원천이다. 이처럼 위대하고 아름다운 책을 읽고 즐기고 아끼어 가까이하지 않는다면 어찌 사람으로 살아간다 할 수 있겠는가!

인간은 하루 동안 밥은 굶고 건너뛰어도 되나, 독서는 하루도 건너뛰어서는 아니 된다.

인간은 그저 동물이 아니기 때문이다.

210) 극히 나쁜 면만을 가르쳐 주는 선생이라는 뜻으로, 따르거나 되풀이해서는 안 되는 나쁜 본보기로서의 사람이나 일을 이르는 말.

습관習慣 그리고 교육敎育

습관과 교육, 사람의 일생을 좌우하는 중차대한 문제다.

습관은 나를 대변하는 행동 양식이고 표현 방식이어서 나를 보면 습관이 보이고, 습관을 보면 나를 알 수 있다.

단순히 한 사람의 행동 방식을 넘어 밖으로 드러나지 아니하는 사람의 속마음, 즉 정신적·심리적 측면까지 엿볼 수 있기에 그가 지닌 품위와 교양의 수준까지 드러나기 마련이다.

습관은 어떤 행위를 오랫동안 되풀이하는 과정에서 저절로 익혀진 행동 방식이기에, 거개擧皆 어려서부터 익혀진 행동이 굳어져 습관이 된다. 따라서 성인이 되기 전 자녀가 지닌 습관의 90%는 부모의 책임이다.

또한 성인기에 새로이 굳어진 습관도 일정 부분 어려서 몸에 밴 습관이 영향을 주기도 하여, 습관만큼 부모의 책임과 영향이 크게 미치는 것이 드물다.

무엇이든 익숙해져 몸에 배면 단단히 굳어지기에 고치거나 바꾸기가 쉽지 않고 평생에 걸쳐 지속되기도 하므로, 부모는 자녀의 학업이나 재능에 대해 갖는 관심만큼 어떤 습관을 갖느냐에 주의를 기울여야 한다.

나쁜 습관이건 좋은 습관이건 주의해야 하는 것은 매한가지이다. 잘못된 습관이 들면, 후회와 뉘우침으로 바꾸고 변화하려 애써도 도통都統[211] 제자리라 힘만 든다.

습관이 나를 대변하는 행동 양식이고 표현 방식이라면, 교육은 그토록 바꾸고 변화하기 어려운 행동 양식과 표현 방식을 수정하고 변화시킬 수 있는 유일한 도구이고 해법이다.

교육은 지식과 기술 따위를 가르치며 인격을 길러 주는 것이니, 교육을 받는다는 것은 지식과 기술을 배우고 익혀 인격을 형성하는 과정이다.

이러한 이유로 세상에서 교육보다 더 값지고 필수적인 것은 존재하지 않는다 해도 결코 과언이 아니다. 양질의 교육은 부모가 자식에게 줄 수 있는 가장 중요한 자산이고 보물이라 그 값어치를 잴 수가 없다.

黃金百萬兩不如一敎子(황금백만량불여일교자)[212]

-황금 백만 냥도 자식 하나 가르침만 못하다-

---

211) 아무리 해도.

212) 안중근 의사(1879~1910)가 1910년 3월 중국 뤼순 감옥에서 쓴 것으로 알려져 있다. 『명심보감』 「훈자(訓子)」편에 나오는 「黃金滿籯, 不如教子一經, 賜子千金, 不如教子一藝」-황금이 가득한 바구니는 아들에게 하나의 경서를 가르침만 못하고, 아들에게 천금을 줌은 아들에게 하나의 기예를 가르침만 못하다-라는 문구에서 유래한 것이다.

부모는 아직은 어려서, 조금 더 자라 말귀가 열리면, 다 때가 되면 알아서, 철이 들면 등등 습관의 형성 과정과 교육의 중요성을 경시하여 쉬이 생각하고 사소한 것이라 지나치다 보면 이미 때가 늦어 고치기 어렵거나 스스로 깨닫고 행동하기 어려운 지경에 이른다.

늦잠 자는 습관이 들면 학교에도 직장에도 지각이 습관이 되고, 거짓말하는 습관이 들면 커서 사기꾼이 되며, 숙제를 미루고 오늘 해야 할 일을 다음으로 미루는 습관이 배면 게으름이 몸에 배어 나태한 사람이 된다.

어려서부터 술에 취해 술주정하는 부모를 보고 자라면 아이는 커서 알코올중독자가 되고, 툭하면 화내고 욕질하고 주먹을 휘두르는 부모 밑에서 자란 아이는 불량배가 되고 범법자가 되어 영원히 사회와 격리해야 하는 좀이 된다.

바르게 양치질하는 습관이 들면 나이 들어서도 건강한 치아를 유지하게 되고, 자기 주변을 정리 정돈하는 습관이 들면 능동적으로 할 일을 처리하는 주도적 존재가 되며, 일기 쓰기와 독서 습관이 들면 풍부한 감성과 지식의 소유자가 되어 세상을 풍요롭게 하는 보배가 된다.

좋은 매너manner와 예절을 지닌 부모를 보고 자란 아이는 품위 있는 이웃이 되고, 질서를 중시하고 규범을 존중하는 부모를 보고 자란 아이는 법과 규칙을 철저히 준수하는 사람이 되어 세상에 두려워해야 할 적敵도 거짓도 없는 존경받는 사회의 자산이 된다.

이처럼, 사람은 보고 배운 대로 행동하고 말한다.

사람으로 태어났다고 하여 모두가 사람으로 사는 것이 아니다. 오직, 교육을 받은 이만이 사람으로 살아가는 것이다.

부모는 바른 행동·고운 말투·온화한 품성으로 가르치고 모범을 보여, 자녀가 바른 행동·고운 말투·온화한 품성을 지닌 인격자가 되도록 열과 성을 다하여 가르쳐야 한다.

성인이 되어 열과 성을 다한들 무용無用하기 때문이다.

웃어라!

정치적으로 혼란하고 경제적으로 어려웠던 시기, 「웃으면 복이 와요」[213]는 힘들었던 국민의 마음을 어루만지고 잠시나마 웃음 짓게 해 주었다. 오래전 프로그램은 사라졌어도 그 제목처럼, '웃으면 복이 온다'는 말은 예나 지금이나 변함이 없다. 웃어서 나쁠 것은 세상천지 하나도 없다.

「비는 장수 목 못 벤다」 하고,
「웃는 얼굴에 침 못 뱉는다」는 속담이 있다.
웃음의 힘은 이처럼 대단하다.

웃어넘겼으면 될 일을 자존심에 묶여 웃지 못하고, 몇 날 며칠 아니 몇 달 몇 년을 묶여 지내다 스스로 어려움에 빠지거나, 별것도 아닌 일에 자존심을 내세우고 순간 화를 참지 못해 평생 후회할 일을 저지르기도 한다.

이는 일상에 웃음을 잃어버리고 살아가는 이들이 공통적으로 저지르는 실수와 잘못이다. 일상에 웃음을 함께 하는 사람은 타인의 어지간히 난감한 불찰도 웃어넘기는 아량과 배포를 지녀 스스로 복을 받는 덕을 쌓는다.

---

213) MBC에서 방영됐던 전설적인 코미디 프로그램. 총 3차례에 걸쳐 폐지와 부활을 반복했는데, 첫 번째로 방송한(1세대) '웃으면 복이 와요'가 한국 코미디 사상 전설적 위치에 있다. 1세대는 1969년 8월 14일~1985년 4월 17일, 2세대는 1992년~1994년, 그리고 3세대는 2005년 3월 17일~10월 20일까지 방영됐었다. 나무위키.

물론, 자존심은 인격의 밑천이니 지켜야 하고 지켜내야 한다. 그러나 지켜서 얻는 것이 지키지 않아 얻는 것보다 적을 때가 있다. 득이 실보다 적다면, 주저 말고 과감하게 자존심을 버리고 시원하게 웃을 수 있는 여유와 배포가 있어야 한다. '자존심이 밥 먹여주느냐'는 말이 있듯이, 별 득이 없는 일에 자존심을 지키려 웃음을 버리면 후회하기 마련이다.

때가 지나고 보면 웃어서 무언가를 놓치거나 잃은 기억이 없는 듯하다. 오히려 자존심으로 웃지 않고 돌아선 일로 인하여 놓치지 말아야 할 것을 잃고서 후회했던 기억은 심심찮게 떠오른다. 웃고 산다는 것, 사람살이에 시시때때로 절실한 요인이다 싶을 때가 허다하다.

웃을 일이어서 웃는 것은 누가 못하겠는가!

요要는 그다지 웃을 일도 아니고 웃고 싶지 않은 상황에서 웃어주고 웃어넘기는 부드러운 마음을 말하는 것이다.

웃어라!

혼자 있을 때 크게 소리 내어 마음껏 웃어라!

다른 이의 웃음에 마음으로 함께 웃어라!

'웃으면 복이 온다!'

베풀어라!

베풂! 우주 만물이 조화를 이루어 완전하지 않은 상태에서도 안정을 이루어 가치 있게 운영하는 요인이다.

우주 운영은 본래대로도 아무 영향이 없으나, 베풂이 결여된 세상은 겸손이 없는 교만의 아우성으로 시끄러워 살 수가 없게 될 것이다. 베풂은 인간의 삶과 때로 생존에 있어서 불가결不可缺한 대상임이 틀림없기에 그 위력은 실로 대단한 것이다.

베풂의 양만큼 인간 생활의 풍요가 정비례한다.

生死骨肉(생사골육)214), 以德報怨(이덕보원)215), 解裘衣之(해구의지)216)와 같이 베풂은 '은혜'를 바탕으로 하기에, 우주의 운영이 풍요로워지려면 세상 모두가 베풂에 참여해야 한다.

단, 베풂은 그 누구에게나 자발적 현상이지 요구가 아니기 때문에 어떠한 관여도 필요치 않다.

강요나 비자발적 베풂은 존재하지 않으며, 존재해서도 아니 된다. 마음이 없는 베풂은 그릇된 동정과 혐오, 때로는 자신의 이익을 위한 이중적 행위이기 때문이다. 동정과 혐오 그리고 자신의 이익을 위한 베풂은 속(俗217)된 것이다.

---

214) 죽은 사람을 살려내어 뼈에 살을 붙인다는 뜻으로, 큰 은혜를 베풂을 비유적으로 이르는 말.
215) 덕으로써 원수에 보답한다는 뜻으로, 원수에게 은덕을 베풂을 이르는 말.
216) 자기의 갑옷을 벗어 남에게 입힌다는 뜻으로, 남에게 은혜를 베풂을 이르는 말.

혹자는 여유가 있으면 다 한다고 하지만, '천만에!'다.

곤궁한 주변은 아예 쳐다보려고도 않는 이름난 갑부와 졸부들이 우리 사회에 얼마나 많은가!

어렵고 힘든 이들을 위하여 물질을 나누는 것만이 베풂은 아니다. 베풂은 인간사 모든 곳에 있고 행할 수 있는 마음이다. 가진 것이 있고 없고 또는 많고 적고가 아니라 그러한 마음이 있고 없고 또는 많고 적고의 차이다.

친절을 베풀다, 인정을 베풀다, 온정을 베풀다, 은혜를 베풀다, 사랑을 베풀다, 선행을 베풀다, 호의를 베풀다, 아량을 베풀다, 관용을 베풀다, 지혜를 베풀다, …, …, …, …, …

이처럼 베풂에는 한정이 없다.

함께 하고 나누려는 풍족한 마음이 있다면 언제 어디서나 누구에게나 무엇이나 가능한 것이 바로 베풂이다.

베풂이 원활한 곳에는 즐거운 여유가 보이고, 그와 반대인 곳은 절박하고 살벌한 느낌마저 든다.

베풀어라, 자신을 위하고 세상을 위하여!

217) ① 고상하지 못하고 천하다. ② 평범하고 세속적이다.

불만不滿[218)]과 만족滿足[219)]

사람은 저마다 각기 다른 불만을 끌어안고 살아간다.

마찬가지로 만족 또한 느끼는 바가 각기 다르다.

불만과 만족은 '각기 다르다'에 방점이 있다. 불만과 만족의 대상과 이유는 세상 사람 모두가 다르기도 하거니와, 같은 상대와 상황, 동일한 조건이나 환경에도 누구는 불만을 느끼는가 하면 또 다른 누구는 만족하여 여유롭기까지 하다.

같은 하나를 두고 누구는 불만이고 다른 누구는 만족하는 상황에 이르면 무엇이 불만이고 무엇 때문에 만족하는지 그 기준을 세우고 이유를 설명하기 어려워진다.

불만과 만족이란 그러한 것이다. 불만과 만족은 주관적인 느낌이고 이에 더하여 상대적인 평가이기 때문에 그 이유와 기준을 이해하려 하는 것 자체가 무용이다.

불만은 마음에 흡족하지 않음이니 만족의 반대인데, 세상에 무엇 하나라도 온전히 만족하며 사는 이가 몇이나 있을까 생각해보면, 정도의 차이가 있을 뿐 이런저런 불만은 있기 마련이다. 또한 만족한다면서도 '어느 정도 만족한다'라거나 '이 정도면 만족한다'라는 조건을 붙이기도 한다.

---

218) 마음에 흡족하지 않음.

219) ① 마음에 흡족함.

② 모자람이 없이 충분하고 넉넉함.

이러한 만족은 조금은 불만이라는 것이기에 만족하는 마음 안에도 불만이 스며들어 있다. 세상은 그리고 사람은 완전하지도 완벽하지 않기 때문에 완전한 만족이란 인간 세상에 존재하기 어려운 것이고, 이 넓고 넓은 세상에 발붙이고 사는 사람이라면 이런저런 불만이 있는 것은 당연하다.

그래서 사소한 불만은 크게 탓할 바가 아니다.

만일, '나는 불만이 전혀 없다'라고 말하는 이가 있다면, 그는 이 세상에 타인과 어울려 살고 있다고 말하기 어렵다.

완전하지도 완벽하지도 않은 인간이기에 자신에게 또는 타인에게 이도 저도 아닌 세상 존재하는 모든 것에 이러쿵저러쿵 불만이 생기는 것은 당연하다.

문제는 불만의 정도와 표출 방식이다.

일상에 불만이 많은 사람은 사소한 일에도 성질을 내고 매사가 유감스럽고 넋두리가 많으며, 응어리진 울분을 때와 장소와 상대를 불문하고 거리낌 없이 터트린다. 사사건건 매사가 불만이기에 부정적 생각과 거친 행동이 몸에 배어 자신은 물론이거니와 가족과 주위 사람들에게 심정적, 신체적, 물질적 손해와 피해를 입히는 악행으로 나아간다.

불만이 사람살이의 어찌할 수 없는 한 부분이라면, 삶에 화禍[220]가 되지 않도록 조절하고 통제하는 노력과 기술이 필요한 이유다.

만족과 불만은 정반대임에도 뗄래야 뗄 수 없는 관계이다.

오늘 당장 먹을 음식이 부족한 이는 눈앞에 푸짐한 밥상이 한 상 차려지면 이보다 더 감사할 수 없다며 만족하고, 9억 1천만 원을 지닌 자산가가 10억 원을 목표로 그 금액이 채워지는 순간 행복하여 만족한다.

그러나 한 끼가 아쉬운 이도 푸짐한 밥상의 음식을 먹고 나면 다음 끼니가 떠올라 불행한 삶을 한탄하며 불만이 싹트고, 목표한 10억을 달성한 행복감에 만족하던 이는 20억을 채워야 한다는 강박감에 불안하여 불만이 싹튼다.

세 끼 식사가 채워지면 다음 날의 식사가 걱정되고, 한 해 먹고 살 걱정이 사라지기 무섭게 내 집이 없어 걱정되고, 집을 마련하면 노후가 걱정되어 불안하니 만족이 자리 잡을 여지가 없다.

220) 모든 재앙과 액화.

20억 원이 채워지면 50억 원이 목표가 되고, 50억 원이 채워지면 다시 100억 원이 목표가 되어 만족을 느낄 겨를이 없어지고 부족함과 채워야 하는 목표가 삶을 송두리째 집어삼킨다.

따라서 만족은 누구나 눈앞에 보이고 숫자로 매겨질 수 있는 모든 것에서 느끼고 가질 수 있는 것이나, 동시에 이러한 것들에서 느끼는 만족은 찰나刹那[221]에 지나지 않고 그 순간이 지나면 사라지는 신기루 같은 것에 불과하다.

만족과 불만은 바늘과 실이고 실과 바늘이다.

성적표에 1등이라는 순위가 아닌 공부를 통해 알고 이해하게 된 지식, 무거운 짐을 들고 가는 이의 짐을 나누어 들어주고 새벽녘 집 앞에 쌓인 눈을 치워준 경험, 모르는 이와 눈이 마주치면 미소로 답하는 여유, 읽은 책의 권 수가 아닌 독서를 통해 알게 된 지식과 깨달음, 아무도 알아주지 않아도 주어진 소임을 다하는 성실, 통장에 쌓인 돈의 액수가 아닌 그 돈을 쌓기까지 행해 온 자신의 노력과 행할 수 있는 베풂, 한순간 사라질 대중의 인기와 관심이 아닌 세월이 지나도 기억되고 기리게 될 국가적 또는 국민적 명예와 명성, …, …, …, …

221) 어떤 일이나 사물 현상이 일어나는 바로 그때.

당장 눈에 보이지 않고 누구나 숫자로 매길 수 없으며, 자신만이 세울 수 있고 행할 수 있어 느낄 수 있는 만족을 생각하여 적어보라! 그 숫자만큼 만족은 커진다.

오래도록 지속하고 사라지지 않을 만족을 찾아 지니는 것만이 진정한 만족을 느끼는 것이다. 이러한 만족은 시간이 지나고 세월이 흐르고 또 흘러도 사라지지 않으며, 누구도 빼앗아갈 수 없는 온전한 나의 만족이고, 많고 많은 사람과 넓고 넓은 세상에 줄 수 있는 변치 않을 만족이다.

만족과 불만은 저마다 드러나는 바가 달라도 보고, 듣고, 말하고, 생각하고, 타인과 사회 속에 어울려 살아가는 이상, 언제고 어디서고 영원히 잠들지 않고 사라지지 않는 마음이다.

내가 살아 있은 동안, 인류가 존재하는 마지막까지 함께 해야 한다. 떨쳐낼 수 없고 사라지지 않는 내 안에 존재하는 무형한 그 무엇이라면 잘 다루고 가꾸어야 한다.

불만부터 시작하여 생각을 펼치는 것보다 만족하는 것부터 시작하여 더 만족할 수 있을 방법은 무엇인지 생각하고 열 걸음도 한 걸음부터라는 마음으로 나아가면, 불만은 차츰 줄어들고 만족은 조금씩 커나가게 된다.

이와 반대가 되면, 세상은 온통 성질을 내고 매사가 유감스럽고 넋두리가 많으며, 응어리진 울분을 때와 장소와 상대를 불문하고 거리낌 없이 터트려 일상의 편안과 안정, 즐거움과 행복은 눈을 씻고 찾아도 소멸하여 찾을 수 없게 된다.

불만으로 시작하여 불만으로 끝나는 불만이 가득한 세상 - 우리는 그런 세상에서 한순간이라도 살아갈 수 있을까?

만족의 성숙도와 불만의 소화력에 따라 개인의 문화적 면모가 드러나고 그 사회의 문명 발달 척도가 정해진다. 인간 세상은 불만이 낮고 만족도가 높은 문명사회를 구현하기 위해 끊임없이 노력하고 힘을 모은다.

우리도 그에 힘을 합쳐야 한다.

매사에 크고 작고를 떠나 감사하는 마음부터 지니자.

그리하면 만족의 싹이 자리할 것이다.

여리디여린 만족의 싹을 잘 틔우고 길러 뿌리 깊은 나무로 키우고, 이에 나의 이름을 걸어두면 세상에 단 한 그루밖에 없는 희귀목稀貴木이 된다.

나의 만족이 퍼지고 퍼지면 가족이 안녕하고 사회가 안녕하며, 나라의 안녕을 이룩할 수 있다.

미소微笑[222]

미소는 빌거나 사과할 일을 유화적으로 발전시켜 상대의 너그러운 아량을 구하는 발상으로 참으로 유익한 현상이다.

「비는 장수 목 벨 수 없다[223]」는 말마따나, 이 말의 부드러운 표현이 바로 미소다.

미소야말로 가정과 사회에서 하루 세끼 먹는 밥 다음으로 일상에 필요한 요소다. 어지간한 불편은 자연스레 해소할 수 있는 능력을 발휘하여 어색한 분위기를 바꾸고 전화위복의 계기가 되기도 한다.

미소를 짓다, 미소가 감돌다, 미소를 띠다, 미소를 머금다, 미소가 흐르다, 미소를 보내다, 미소가 가득하다, 미소를 잃지 않다, 미소가 피어난다, …, …와 같이 미소에는 따뜻하고 즐겁고 편안하고 행복한 기운이 가득하다.

그렇다고 미소가 어느 면에서나 다 좋은 것은 아니다. 미소가 자칫 비웃음으로 느껴지면, 되려 분위기를 흐리게 하거나 입씨름의 원인이 되어 다투기도 하므로 분위기를 잘 살펴 냉소冷笑[224]처럼 여겨지지 않도록 유의해야 한다.

222) 소리 없이 빙긋이 웃음. 또는 그런 웃음.
223) 잘못을 뉘우치고 사과하면 용서하게 됨을 비유적으로 이르는 말.
224) 쌀쌀한 태도로 업신여겨 비웃음. 또는 그러한 웃음. 찬웃음.

눈은 웃지 않으면서 입꼬리만 올라가는 미소는 도리어 어색하게 느껴진다.

미소는 따뜻하고 편안한 마음이 함께 해야 비로소 '미소'가 된다. 마음이 담긴 진실한 미소는 항상 좋은 쪽으로 작용함으로 사회적 동물인 인간 생활에 절대적 요소임이 틀림없다.

너, 나 할 것 없이 미소를 유지하는 사회는 건강한 사회임이 분명하다.

표리 表裏[225]

「겉 다르고 속 다른 사람을 알고 살 바엔 차라리 도적을 알고 사는 게 좋다」는 말이 있다.

이는 표리가 있는 사람을 두고 하는 말이다.

도적은 한 번 당하면 빼앗긴 것 하나로 끝나나, 겉과 속이 다른 사람을 상대하면 두고두고 속이 상하거나 회복하기 어려운 불행을 겪을 수 있기 때문이다.

주문한 물건이 배송되어 반가운 마음으로 택배 상자를 열어보니, 포장은 그럴싸한데 내용물은 불량품이 들어있는 경우 표리가 있는 물건이다. 이 경우 잠시 속상하고 화가 나도 반품하거나 환불받는 것으로 앞으로 피해가 발생할 여지餘地를 남기지 않으면 된다.

문제는 표리가 있는 물건을 판매한 사람이다.

장사꾼이 표리가 있으면 반품도 환불도 제대로 이루어지지 않아 두고두고 속상하고 고생하기 마련이다.

겉모습은 멀쩡한데 속내가 불량한 사람이라면 어떤 낭패를 당하게 될지 알 수 없어 이야말로 위험한 경우다.

---

225) ① 물체의 겉과 속 또는 안과 밖을 통틀어 이르는 말.
② 겉으로 드러나는 언행과 속으로 가지는 생각을 통틀어 이르는 말.
③ 임금이 신하에게 내리거나 신하가 임금에게 바치던 옷의 겉감과 안감.

표리가 있는 사람이 사기꾼이면 귀한 재물을 잃게 되고, 언론인과 지식인이면 가짜 뉴스와 교묘한 주장으로 사회는 혼란에 빠지며, 살인자라면 소중한 목숨을 잃게 된다.

이 얼마나 무섭고 두려운 존재인가!

표리가 있는 사람은 당장은 드러나지 않아 일일이 살펴 피하기 어려울지라도 서서히 관계를 망가트리고 사회를 좀 먹이며 어지럽히기에 이런저런 여지를 남기지 않고 단호히 관계를 정리해야 한다. 개인의 힘으로 감당할 수 없는 부분은 법과 제도로 바로 잡기 위한 엄중한 처벌이 이루어져야 한다.

표리가 없어야 탁월한 인격의 소유자라 할 것이다.

표리가 있는 이들로 넘쳐나는 우리 사회에 절실히 요구되는 사람 - 표리가 없는 사람이다.

희망希望

희망은 한계가 있는 진행이거나 때로 한계가 없는 진행이다.

누구에게는 희망이 행복한 상상이나, 다른 누구에게는 괴로운 과정이기 때문이다.

태수는 의사로부터 신장에 돌이 발견되어 수술이 필요하나, 여러 부작용이 발생할 수 있고 치명적 상황에 이를 수도 있다는 설명을 들었다. 노심초사 망설이다 수술을 받기로 한다.

이게 바로 한계가 있는 희망이다.

부작용이 일어나지 않는다면, 수술로 완치되어 건강한 여생을 빌고 또 빌고, 다시 또 빌며 기다리는.

준오는 열이 40도를 넘나들고 몸을 가누기도 힘들어 병원에 가니, 코로나19에 감염되었으나 현재 입원할 상황이 아니고 처방전 외에 해 줄 수 있는 것이 없는 상태라 집으로 가 요양하며 경과를 지켜보란다.

이게 바로 한계가 없는 희망이다.

완치될는지, 위중증危重症으로 진행될는지, 급작스레 죽음을 맞이할는지 예측불허의 상태에서 해결할 방도나 할 수 있는 무엇도 없이 그저 괜찮아지기를 기다리고, 또 기다리고, 다시 또 기다리는.

같은 희망이지만 그 안에는 기쁨과 슬픔이, 기대와 절망이, 안심과 불안이 따로 있다.

그러나 태수도 준오도 희망은 희망이니, 좋은 말이다.

뉘 감히 인생사를 온전히 알겠는가?

시간이 지나고 세월을 보낸 뒤에야 그 결말과 의미를 알게 되기에 희망이 필요한 것이다. 희망이 있다고 생각하거나 희망을 놓지 않을 때 슬픔도 절망도 불안도 각고刻苦로 이겨낼 수 있으니 말이다.

희망을 품고 산다는 것, 그야말로 힘이 솟는 말이다.

사람 사는 세상에서 '희망'이라는 말은 진정 소중한 말로, 보석처럼 품고 살지어다. 그러면 늘 생기가 날지니!

단, 희망은 항상 긍정적 사상을 토대로 발상한다는 사실을 잊지 않아야 한다.

희망이 바로 그러한 것이기 때문이다.

부정적 생각에 사로잡히면, 희망은 결코 손을 내밀어주지 않는다.

보람

보람! 무척 뿌듯하고 행복한 느낌이다.

사람마다 보람을 느끼는 경우는 다양하고 이유도 제각각이라, 그 경중과 가치 또한 다르게 마련이다. 일상의 소소한 행동이나 과정에 만족하여 일과성으로 느끼기도 하고, 남이 모르는 적잖은 애로隘路와 고뇌를 견디고 이겨낸 대가로 오랜 세월 지속되기도 한다. 또한 개인의 지극한 목표를 이룬 뒤에 얻는 경우와 모르는 사람이나 다른 집단의 이익을 위하여 자신을 희생함으로써 개인적 만족을 넘어서는 가치인 경우도 있다.

그래서일까!

어떠한 보람은 뼈를 깎고 살을 에는 각고 끝에, 앞에 지나간 것들을 감히 두 번 다시 상상조차 하기 싫고, 다시 겪으라면 차라리 죽음을 택할 것 같은 고난을 참아낸 것이기에 그에 걸맞은 희열을 맛보게 된다.

까마득한 이십 대 시절, 깊은 산 절간 셋방에서 매일 영하 20° 를 넘나드는 혹한에도 기름 주입注入[226]할 돈이 없어, 이불을 겹겹이 뒤집어쓰고 밤새워 정독에 정독을 거듭했다.

그 당시 내 생활환경은 주변 모두가 비슷한 처지였다.

---

226) 액체를 부어 넣음.

이 과정을 겪어야 아니 이겨내야 내가 살 수 있다고 생각했기에, 이제는 생각하는 것조차 두려운 그 시간을 포기하지 않고 견뎌낼 수 있었다. 지나고 보니, 그 일련의 과정은 과정이라기보다 고뇌라 함이 타당하다.

보람을 얻기까지 뜻을 달성하는 과정은 참으로 가혹한 인내를 소화 시키고 탄생한 열매임을 절감한다.

개인의 지극한 목표와 뜻을 이루어 보람을 느끼는 과정도 이처럼 눈물겨운데, 타인이나 사회, 더 나아가 국가와 인류를 위하여 기꺼이 자신을 희생하고 사적 이익을 버림으로써 보람을 얻는 삶은 어떠할까?

이타적 행위와 가치를 통한 보람은 개인적 만족을 넘어서 사회적 명예가 뒤따르고 영속성을 갖기에 이루지 못한 이는 헤아려 알기 어려운 희열이리라 짐작할 뿐이다.

때로 애쓴 보람도 없이 아무런 결실도 이루지 못하거나 실패하더라도, 경중을 가리지 않고 보람 있는 일을 하려 꾸준히 애써야 한다.

뜻이 있는 사람이라면 말이다. 누구든지 자기의 삶을 되돌아보며 보람을 느끼려면 소소한 것이든, 지극한 것이든, 의의意義에 상관없이 진심이어야 한다.

설마[227]

"오늘 이후로 이렇게 더 마시면 위험합니다. 이제까지 어떻게 살았는지 참으로 용합니다."

의사의 경고성 말이다.

그런데도 항상 그렇듯, 동수는 코대답으로 넘기고 별로라는 태도다.

"여보, 의사 선생님 말씀 들었잖아요."

술잔을 비우는 동수에게 동수 아내는 핀잔 비슷이 말한다.

"의사들은 다 그래."

동수가 불만 비슷이 대꾸한다.

항상 이 같은 태도다.

이 같은 세월이 흘러 동수 나이 50이 넘었다. 동수 부인은 남편의 건강이 언젠가부터 어딘지 모르겠으나, 조금씩 안 좋아지는 것 같아 마음이 편치 않다.

예나 지금이나 동수는 다름없어 보이면서도 어딘지 안 좋아 보인다.

227) 그럴 리는 없겠지만. 부정적인 추측을 강조할 때 쓴다.

동수 아내는 걱정스레 묻는다.
"여보, 괜찮아?"

"당신 걱정이나 해."
동수의 볼멘 대답은 여전하다.

동수는 아내와 주위의 걱정에도 '설마!' 하며 살았다.

그러나 그 '설마'가 잘못이었다. 동수는 위암 진단을 받고 얼마 안 되어 세상을 떠났다.

동수 아내는 허무한 세상을 가슴 찢어지게 느끼며 땅을 치고 통곡하지만 무슨 소용이 있겠는가.
'좀 더 적극적으로 말렸어야 했는데…'하고 후회하지만, 모두가 소용없는 지난 일이다.

「설마가 사람 잡는다」[228]고, '설마'가 원인이었다.

---

228) 설마 그럴 리야 없겠지 하고 마음을 놓는 데서 탈이 난다는 뜻으로, 요행을 바라지 말고 있을 수 있는 모든 것을 미리 예방해 놓아야 한다는 말.

수지 收支[229]

인간 생활에 수지는 생활을 유지하는 절대적 요소다.

수지가 비슷하면 다소의 어려움과 문제는 그런대로 넘어가고 해결할 수 있으나, 지출에 비해 수입이 턱없이 부족해지면 생활의 균형이 무너져 육체뿐만 아니라 정신적 면에서도 심각한 균열이 발생한다.

생활의 균형은 단순히 부족하거나 여유 있는 숫자로 끝나는 것이 아니라 때로 목숨과도 연결된 중대한 요소이다. 그러므로 수지의 균형이 맞지 않으면 몇 밤을 새워서라도 원인을 찾고 극복할 방법을 강구해야 한다.

불필요한 지출이 많기 때문인지, 일하지 않거나 적게 하기 때문인지, 하는 일에 문제가 있는지, 일시적 어려움 때문인지, 빚 때문인지 등등 정확한 원인을 찾아야 적합한 해결책을 찾을 수 있다.

균형이 깨진 원인도 알고 해결책 또한 분명함에도 스스로 바로 세울 노력을 하지 않으면, 삶은 일순一瞬[230]간에 무너지고 회복하기 어려운 지경에 이른다.

229)① 수입과 지출.
② 거래 관계에서 얻는 이익.
230) 아주 짧은 시간.

자신의 노력만으로 해결할 수 없는 때라도 자포자기할 것이 아니라 사회와 국가의 제도에 문을 두드려 균형의 문턱을 넘으려는 노력도 해결책이다.

공적인 도움으로 제자리에 섰을 때 이를 잊지 않고 어려움에 빠진 이들에게 도움의 손길을 내어주는 것 또한 수지를 맞추고 여유를 가져야 할 이유이다.

수지의 균형이 무너져 주머니의 여유가 없으면, 단순히 먹고 사는 문제를 넘어서 사람의 격格[231]을 지키기 어렵고 인간의 도리道理[232]를 다하기 힘들다.

격을 지키고 도리를 다한다는 것은 마음 자세가 바탕이 되나, 사람은 육신을 지닌 물질적 존재이기에 그저 마음만으로 할 수 있는 것이 아니다. 마음에 앞서 수지가 적절해야 존엄성尊嚴性을 지키고 예禮를 다할 수 있다.

사람이 격을 지킨다는 것은 깨끗한 의복을 갖추고, 일정한 거처를 마련하고, 자식을 가르치고 키우며, 남의 도움을 빌려 생활을 영위하지 않는 독립된 경제 활동의 주체로 존엄성을 지키며 살아가는 것이다.

---

231) 주위 환경이나 형편에 자연스럽게 어울리는 분수나 품위.
232) ① 사람이 어떤 입장에서 마땅히 행하여야 할 바른길.
② 어떤 일을 해 나갈 방도(方道).

또한 인간의 도리를 다한다는 것은 자식이 부모가 연로해지면 생활의 형편을 살펴드리고, 어려운 시절 신세身世를 지거나 은혜를 입었다면 잊지 않고 그에 상응하는 보답으로 돌려주며, 풍족한 부를 이루었다면 이는 자신만의 노력으로 이룬 것이 아님을 알고 사회에 되돌리는 마음과 실천이다.

내가 어려 풍족한 가산家産[233]에 겁 없이 생활하는 모습을 지켜보던 아버지께서는 '양반도 사흘을 굶으면 남의 집 담을 넘는 법이다'라며 체면에 앞서 먹고 사는 문제의 중함을 강조하셨다. 무수히 반복하여 말씀해주신 까닭에 늘 먹고 사는 것이 예의와 도덕에 바탕이 된다는 것을 생각하며 빚을 내지 않고 살아가려 노력했고, 내 몸에 관련된 모든 면에 절약하며 살았다.

그러한 생활 덕분에 아흔에 이른 지금까지 자식의 도움 없이 생활하는 여유를 지닐 수 있어 매사에 감사하고 일상이 편안하다.

수지의 균형을 맞추고 여유를 지니는 것이 결코 마음대로 되는 일이 아닐지라도 절약하고 노력하면 이루지 못한 일은 아니다.

233) 한 집안의 재산.

과잉 過剩

「過猶不及(과유불급)」,[234] 「정도를 지나침은 미치지 못함과 같다」고 하고 「지나침은 아니함만 못하다」고도 한다.

성현聖賢의 말씀이니 그런가 보다 하다가도, 아무리 그래도 미치지 못하고 아니하는 것보다 多多益善(다다익선)[235]이라고 차라리 조금이라도 지나치고 넘치는 것이 낫지 않을까 하는 짧은 생각이 들 때도 있다.

그러나 이는 어리석은 범인凡人의 잠시 생각이지 싶다. 성현이 괜히 성현이며, 그 말씀과 가르침이 긴긴 세월 이어지고 이를 받드는 것이 그저 오래되었기 때문은 아니겠지 싶어서다.

지나침은 열의와 열심 때문일 수도 있고, 욕망과 욕심에서 비롯되는 것일 수도 있으며, 무지無知와 어리석음에 기인할 수도 있다.

열의와 열심처럼 좋은 의도로 시작했어도 인간의 욕심과 욕망은 한계가 없고 만족이 없으며, 무지와 어리석음은 옳고 그름을 판단하지 못하여 정도에 그치지 아니하고 폭주하게 됨을 경계하고 자중하라는 뜻이리라.

---

234) 『논어』의 <선진편(先進篇)>에 나오는 말로 중용中庸이 중요함을 이르는 말이다.
235) 많으면 많을수록 더욱 좋음. 중국 한(漢)나라의 장수 한신이 고조(高祖)와 장수의 역량에 대하여 이야기할 때, 고조는 10만 정도의 병사를 지휘할 수 있는 그릇이지만, 자신은 병사의 수가 많을수록 잘 지휘할 수 있다고 한 말에서 유래한다.

과잉은 행동과 태도, 물질과 정신, 육체와 마음, 외적인 것과 내적인 것을 가리지 않고 사람이 지닌 모든 것에 자리한다. 하여, 그 무엇이건 지나침은 미치지 못함과 같고 아니함만 못한 것이 되고 만다.

왜 그러는지 도무지 알 수 없어 괴로울 때가 있고, 멈추고 그만두고 싶어도 무엇이 이끄는 것인지 알 수 없이 나아가기만 할 때가 있다. 과잉 상태에 이르면 제동장치가 고장 난 자동차의 급발진처럼 폭주를 멈추지 못한다.

자식에 대한 사랑은 천륜이나 애지중지하는 마음이 지나치면, 옳고 그름을 가르치지 않고 응석받이로 키워 주체적 존재로 행동하고 판단하지 못하는 지경에 이르니 망나니가 된다.

건강은 만복의 근원이라 중히 여겨야 하나, 생로병사의 순리를 잊고 운동과 보약에 지나침이 생기면 부작용으로 건강을 잃고, 건강을 잃으니 인간사 모든 것을 잃게 된다.

재물은 육신을 지닌 인간이 살아가는 필수요소이기에 관심과 애착을 느껴야 하나, 재물에 대한 마음이 지나치면 탐욕과 욕망에 눈이 멀고 투자가 아닌 투기가 되어 본전은 고사하고 패가망신의 지름길에 들어선다.

이처럼 과잉은 멈춤과 제어를 잊어버린 폭주고, 폭주는 폭력이라 크고 작은 생채기를 내기도 하고 흉터가 남는 상처를 입힌다.

상처가 아물고 회복하려면 다시 상처를 내지 않아야 하고 치료에 시간을 내고 비용을 지불하고 완치될 때까지 기다리는 수고로움이 필요하다. 과잉의 후유증은 돈, 시간, 기회, 마음 등등 어느 면으로 살펴보아도 부담이고 손실이니 유의하여 행동해야 한다.

살다 보면 무엇이건 대소의 차이가 있을 뿐, 지나침이 생기기 마련이다. 말과 행동과 생각과 마음이 자리하는 곳마다 성현의 말씀을 되새기며 지나침을 경계하고 살핀다면, 넘치고 지나치고 더 나아가기 전에 멈추고 조절하는 의지와 인내가 자신 안에 자라고 있음을 알 수 있을 것이다.

때로는 조금의 지나침 마저 두려운 것이 되기도 한다.

회고 回顧[236]

잘한 일을 떠올리면 흐뭇하여 좋고, 잘못한 일을 되돌아보면 후회하고 고쳐서 좋다. 지나간 일이라 하여 생각지 않으면 같은 실수를 반복하는 우를 범하게 된다.

지나간 일을 돌아보고 돌이켜 생각하면 무엇이 잘한 것이고 잘못한 것이며, 어떻게 하는 것이 적절하고 부적절한지 시간과 경험을 비용으로 지불하고서 깨닫게 된다.

「사람이 오래면 지혜요 물건이 오래면 귀신이다.」[237]라는 말처럼, 시간과 경험은 그 자체로 값비싼 자산이다.

그러나 이를 쉬이 흘려보내면 크나큰 비용을 지불하고도 얻는 것이 없으나, 회고를 통해 돈으로도 살 수 없는 깨달음을 얻어 원하는 바를 성취하게 된다.

남다른 높은 뜻을 세우고 이루고 싶다면, 지나온 행적의 장단점을 꼼꼼히 살피고 개선하기 위하여 회고에 회고를 거듭해야 한다. 이를 통해 잘못한 면은 고치고 부족한 면은 채우며, 잘한 일은 더 열심히 해야 한다.

---

236) ① 뒤를 돌아다봄.
② 과거를 돌이켜 생각함.

237) 사람은 오래 살면 살수록 경험을 많이 쌓아 사물의 이치를 깨닫고 지혜를 얻게 되지만 물건은 오래되면 될수록 쓸데없게 되고 만다는 뜻으로, 경험 많은 늙은이의 지혜로움을 비유적으로 이르는 말.

회고하는 습관이 몸에 배도록 거듭거듭 노력한다면, 반드시 성공의 보탬이 된다.

이왕 인간으로 태어났으니 위대한 명함 한 장 남기고 가야 하지 않느냐!

물론 밤송이로 등을 문지르는 각고의 인내가 따르겠지만 말이다.

자신의 행적을 돌아보고 또 돌이켜 생각하라!

집착執着[238)]

좋은 면으로 집착은 기필期必 뜻을 이루려는 열정으로 명성과 명예를 얻어 영화를 누리나, 그릇된 집착은 이성을 잃은 욕망과 탐욕으로 평생 씻지 못할 잘못과 죄를 저질러 땅을 치는 후회를 하게 된다.

집착에 빠지기는 쉬우나 벗어나기는 그 반대이기 때문에, 대상과 성질에 따라 경계하고 두려워해야 하는 마음이다.

집착은 물건 · 재물 · 권력 · 이성 · 건강 등 외적인 것과 관계 · 명예 · 예술 · 아름다움 · 진리와 같은 내적인 것에 이르기까지, 인간의 육체와 정신에 관련된 것이라면 그 형태와 특성을 망라하여 연결되어 있다.

자신만의 생각에 집착하여 다른 사람의 의견을 무시하면 시류에 어긋나 낭패를 보게 된다.

눈앞의 이익에만 집착하면 당장은 소소한 이익을 얻을지라도 훗날 더 큰 이익을 놓치게 된다.

지나간 일에 집착하면 앞으로 나아가지 못하고 제자리를 맴돌아 발전하기 어렵다.

238) 어떤 것에 늘 마음이 쏠려 잊지 못하고 매달림.

지엽적인 일에 집착하면 전체를 보지 못하여 크게 성공하기 어렵다.

물질에 집착하면 속물이 되어 사회적 평판을 잃게 되고, 나아가 그 물질로 인하여 자신도 잃게 된다.

권력에 집착하면 소임을 망각하고 인륜人倫도 천륜天倫도 저버리는 패륜의 독재자가 되어 권좌에서 끌어내려진다.

이처럼 집착은 이성이 눈을 감아 물불을 구분하지 못하여 어리석은 실수와 위험의 소지가 다분하므로 양면을 살펴 삼가는 마음으로 살아야 한다.

한 방향만 보지 않고 앞뒤, 상하좌우, 위아래 팔방을 고루 살펴 집착에 모든 것이 망가지지 않도록 유념하라.

만사형통萬事亨通[239)]

「말하는 대로, 생각하는 대로, 마음먹은 대로」 된다!

세상 사람이면 다가 바라는 말이다.

듣기만 해도 절로 풍성해지는 기분이라 애원하듯 애타게 바라는 것 아니더냐! 세상만사 모든 것이 생각하는 대로, 뜻하는 대로, 바라는 대로 풀리고 이루어진다니 꿈 같은 일이다.

꿈이 이루어진다니 과연 사람 사는 세상일까 하는 의문이 들지만 - 모든 일이 뜻대로 잘되어, 근심 걱정 없이 지낸다는 것 - 포기하기 어려운 진정 황홀한 소원이다.

그러나 세상만사는 한 치 어김없는 과정을 지나야 결과가 있는 것이니, 만사형통 그 앞에는 눈물이 강을 이루고 피가 튀는 노력이 있었을 것이다.

노력하여 이루어진다면 최선을 다하여 노력하면 될 일이다.

고생 끝에 낙이 오기 때문이다.

그럼에도 피나는 노력이 힘들고, 힘듦이 싫어 노력을 피하고 쉬이 원하는 바를 얻으려는 사람이 많다. 하느님은 단 한 치도 어김이 없는지라, 세상이 생기고 누구에게도 공짜로 만사형통을 주지 않는다.

---

239) 모든 일이 뜻대로 잘됨.

있다면 그것은 도적질로 잠시 잠깐 얻은 것이니 하늘이 노하여 그 몇 배 큰 벌과 고통을 내릴 것이다.

뿌린 대로 거두는 것이 하늘의 뜻이고 자연의 순리이기 때문이다.

때로 하늘에 먹구름이 끼고 자연이 심술을 부려 뿌린 대로 걷지 못하고 낭패를 입을 수도 있으나, 이 또한 하늘의 뜻이고 자연의 순리이니 좌절하여 포기하지 말아야 한다.

피나는 노력, 마냥 어려운 일이 아니다.

그 끝에 그 이상의 영광을 받을지니, 황홀한 앞을 보고 묵묵히 노력하고 노력하라.

등대燈臺와 채찍

안중근(安重根, 1879~1910) 의사의 삶 그리고 남기신 말씀과 유묵은 나의 삶에 등대가 되고 채찍이 되었다. 내 몸과 마음에 가까이 두어도 따르지 못하고 지키지 못하니 부끄러움과 후회가 떠나지 않는다.

나의 후회와 잘못을 이 글에 담아 속죄하는 하루다.

忍耐
(인내)
참고 견딘다. 안중근 의사 평생의 좌우명이다.

自愛寶
(자애보)
스스로를 보배처럼 사랑하라.

一日不讀書口中生荊棘
(일일불독서구중생형극)
하루라도 글을 읽지 않으면 입안에 가시가 돋는다.

黃金百萬兩不如一教子
(황금백만량불여일교자)
황금 백만 냥도 자식 하나 가르침만 못하다.

博學於文約之以禮
(박학어문약지이례)
글공부를 널리 하고 예법으로 몸단속하라.

貧而無諂富而無驕

(빈이무첨, 부이무교)

가난하되 아첨하지 않고 부유하되 교만하지 않는다.

孤莫孤於自恃

(고막고어자시)

스스로 잘난 체하는 것보다 더 외로운 것은 없다.

百忍堂中有泰和

(백인당중유태화)

백번 참는 집안에 태평과 화목이 있다.

人無遠慮難成大業

(인무원여난성대업)

사람이 멀리 생각하지 못하면 큰일을 이루기 어렵다.

白日莫虛渡靑春不再來

(백일막허도 청춘부재래)

세월을 헛되이 보내지 말라. 청춘은 다시 오지 않는다.

見利思義見危授命

(견리사의 견위사명)

이로움을 보거든 정의를 생각하고,

나라가 위태함을 당하면 목숨을 바쳐라.

丈夫雖死心如鐵義士臨危氣似雲

(장부수사심여철, 의사임위기사운)

장부가 비록 죽을지라도 마음은 쇠와 같고

의사는 위태로움에 이를지라도 기운이 구름 같도다.

三道·三教·十五訓

존경을 넘어서 감히 그 누구와 비교하기 어려운 아버지께서 내 나이 서른을 조금 넘은 때 너무도 일찍 세상을 떠나셨다.

아버지 살아생전살아生前 세상에 이름을 떨쳐 성공한 모습을 보여드리지 못함은 천추의 한이 되고 족쇄가 되었다.

아버지께서는 어린 오남매五男妹에게 일찍부터 三道·三教·十五訓을 가르치고 또 가르치시며, 이를 따르고 지키는 것이 孝라고 말씀하셨다.

아버지께서 시시때때로 이르고 또 일깨워주신 유훈遺訓[240]을 평생 내 머리맡에 걸어두어 살피고 살폈으나, 다 따르지 못하고 지키지 못했으니 孝를 다하지 못함이 송구하다.

三道

一. 반드시 敗家亡身하는 三忌가 있는데, 基順은 賭色酒다.
一. 입성을 밝히면 몸을 망치고, 먹성을 밝히면 將來가 없다.
一. 말하기 좋아하면 口舌이 따르고, 놀기 좋아하면 가난이 따른다.

240) 죽은 사람이 생전에 남긴 훈계. 유계(遺戒).

三教

一. 大事를 圖謀하되, 女子와는 作黨치 마라.

一. 還甲 前에는 妻에게 웃음을 흘리지 마라.

一. 親舊는 平生 하나 얻기 어려우니, 있으면 兄弟로 하라.

十五訓

一. 목숨을 소중히 하되, 國家와 民族에 비겨라.

一. 나를 延命하는 農者를 사랑하라.

一. 無知가 가장 큰 罪니, 渴求修學하라.

一. 거짓은 後生까지 門이 없다.

一. 남을 모르면 어느덧 禽獸가 된다.

一. 내가 于先이되, 남보다 크거나 작지도 마라.

一. 남을 위해 수고하되, 財物로 묻지 마라.

一. 財物을 貪하되, 名分이 必是다.

一. 주지 않고 얻은 것은 始初만 못하다.

一. 妻는 必有나 藥 아니면 毒이다.

一. 妻를 求하려면 그 어미를 보라.

一. 不正한 계집은 時로 버려라.

一. 돈은 適所하면 富와 通한다.

一. 酒色은 身分에 맞추되, 家道만 하랴.

一. 山은 높아서, 바다는 넓어서 또 하나의 배움터다.

이것이 孝다.

所朝覺限夕盡
勿改變必隨果

아침에 깨달은바, 저녁이 다할 때까지
고치거나 변경하지 않아야 좋은 결과가 따른다.

2022년 12월 31일
서울 마장동에서 끝맺으며,
아흔을 맞이한다.

雪峰 崔 喆 雄